Catcher

一如《麥田捕手》的主角，
我們站在危險的崖邊，
抓住每一個跑向懸崖的孩子。
Catcher，是對孩子的一生守護。

3
關鍵
教養
13～18歲
暢銷親子專家 盧蘇偉
預約孩子的未來 II
信心決定一切！

【自序】態度決定一切

我們都知道一個人的態度決定他的命運，但我們卻未必清楚知道態度是如何形成的。態度和父母教養有著密不可分的關係，本書原本是針對十三至十八歲的青少年及父母而寫，後來和大學生及許多剛入社會的新鮮人談態度的問題，他們也認爲很重要（但不知爲什麼自己就是沒勁去實踐它）。所以，這本書適合的不只是青少年的父母，孩子還在兒童或幼兒期的父母，連已成年的人，都適合讀。因爲態度是種習慣，它是不分年齡的，一個習慣的養成來自認知——我們是怎麼想的。同樣的境遇有人還未開始努力就會早早放棄，但有人就是再怎麼受挫，都堅忍不移，絕不放棄；這是個成功的態度，任何人有這樣的態度，在人生的各個階段、各種境遇都會大放異彩，出類拔萃！

這本書的寫作著重引導讀者思考及重新選擇自己，因爲從事輔導工作近二十年，我發現市面上類似的書很多，但大多只是告訴你什麼是不對的，即使告訴你要怎麼做才對，仍欠缺引發重新檢視自己、重新思考和決定的動力。所以，引言和後面的兩段分享，一段是給成長中的年輕孩子直接的提醒，不需再經由父母轉一手的教導，另一段是給父母的提醒，提供父母以另一個角度思考孩子成長所面臨的問題。孩子一直在成長，父母的思維若始終停留在孩子幼稚園和小學階段，年輕人出現無法獨立、無自理生活能力的問題，就不只是孩子的問題；父母沒有同時學習成長，甚至會成爲孩子成長和改變時的最大阻力。現代的父母，不要等孩子出現不如自己期待的行爲及態度時，才注意到孩子問題的存在，主動尋找專家或書籍來協助，陪孩子一起學習成長，獲益的絕對是全家人！

我們有太多的藉口：「我們很忙！」「沒時間運動！」「沒時間學習！」我覺得這是態度的問題，如果我們了解到態度是決定命運的關鍵，想要幸福就讓自己擁有會幸福的態度，想要快樂就讓自己擁有會快樂的態度，改變自己，世界就會跟著改觀；但我們懶得改變，大家都了解運動是健康的關鍵，我們也知道，買了這個運動器材或那種健康食品，不力行去實踐，健康的永遠不會是我們的身體。這本書強調現在就開始給自己一次成功的機會，下定決心去做，不達自己預定的目的絕不放棄！

孩子和父母都是這個世界的禮物，但我們太小看我們自己了：我們是那麼渺小，能改變什麼呢？我們的確改變不了什麼，如果我們能改變自己，讓自己和自己做良性的互動，能和自己成爲朋友，我們就會和整個世界和好，就會發現這個世界一直處在一個完美的狀態，我們的快樂不僅會改變我們的命運，也會改造我們的家和世界。一切都從自己的認識、了解及和好做起！不要小看我們的改變，也不要小看我們對品格和小事的堅持，每天所累積的成功經驗，就是我們生命的所有！爲了全世界的幸福，我們要把我們自我照顧好，否則我們所擁有的知識和能力，可能是這個世界最大的危害，而非福祉。照顧好我們的孩子，未來他們未必是個大人物，但能給自己幸福和家人幸福的人，是這個社會未來的希望，我們的孩子只要做好自己，就會是這個世界的禮物！

衷心的祝福！看重我們這一群永不放棄學習的人，社會的希望，將由我們這群人所決定。讓我們彼此鼓勵，團結在一起，建立新社會的明確價値，讓我們的社會重燃信心和希望！

盧蘇偉　謹識

二〇〇七・一・十五

目錄

part 2 規劃自我

part 3 勇於夢想

part4 自我管理能力

part 5 自我實現

part 6 做世界的禮物

part 1 認識自我

學校教我們上知天文、下知地理，卻很少教我們怎樣認識自己，我們很努力學國語、英語、台語……，卻很少學習和自己溝通的語言，如此一來，即使我們知道全世界所有的知識，但我們不知道自己要的是什麼，要把自己帶往哪裡去。知識像大海一樣，容易讓我們迷失方向，懂得自己的需求和方向，知識就會是最好的一艘船，載我們快速航抵我們要到的碼頭。人是所有問題的所在，如果我們無法和自己做有效溝通，不明白自己內在眞正的想法和需求，我們就會成爲情緒的俘虜，任由起伏的情緒把我們帶入紛亂的世界。和自己有良性的互動，喜歡自己的一切，賞識自己的擁有，我們很自然的會和世界和好。做個散播愛與希望給這個世界的天使，否則，我們的努力會帶來更多意料之外的煩惱和痛苦！

學習自我解讀

生活中我們難免遇到不如期待的事，只會抱怨的人會讓情緒垃圾一再污染自己；而懂得去解讀事情的人，會從中了解任何事的發生都是有原因的，並且有助於自我的學習和成長。

不知道爲什麼我對於高處十分恐懼，即使有安全無虞的欄杆或圍牆，我也不敢靠近或往下看。自從擔任輔導工作起，即不斷的想了解自己爲什麼會有懼高症，要如何才能得到改善。從自我成長經驗中，我追溯到自己大約在四、五歲時，和鄰居的小朋友玩，被大孩子欺負，一時氣憤便把那個孩子的拖鞋丟到屋頂上，那個孩子去向我的媽媽告狀，我媽媽氣急敗壞的把我抱上屋頂（工寮的簡陋平房），我驚嚇得大哭，媽媽又爲了教訓我，故意遲遲不肯抱我下來。僅四、五歲的小孩，在空盪盪的屋頂上，那份無助的恐懼深刻烙印在我腦海。

我知道只要我克服了這種驚嚇經驗，就可以減輕對高處的恐懼，但多年來我所做的努力都難以克服。有一次我受派參加催眠治療課程，老師用催眠把我帶回到這段記憶，可怕的經驗又再次重現，我嚎啕哭鬧驚叫，老師在過程中用各種方式消弭我對這段經驗的懼怕感，然後重複的、清楚的告訴自己，「我不再是四、五歲的孩子了！」「媽媽是愛我的！」

結束催眠之後，我的心悸動得久久不能平復；能不能克服懼高症，是仍待努力的課題，然而這次經驗，卻給了我許多寶貴的啓示。

給年輕的朋友

每個人的成長過程都難免受到權威恐嚇和壓迫，許多個性和人格也受成長的經驗左右，當我被催眠回溯到兒時，受驚嚇恐懼的場面，讓在場的許多同學都流下了淚水。我們可以責備給我們負面影響的父母或師長，他們的確不應該用這種方式來傷害我們，讓我們留下不可抹滅的成長陰影。但他們會如此對待我們不是故意的，而是來自他們也曾帶著傷、帶著痛的成長過程，他們未能化解這些傷痕及為自己解毒，讓這些有毒的經驗在暗處操弄著他們，並複製他們的負面經驗再污染給家人和孩子。你可以選擇拿他們的錯誤懲罰自己和周遭的人，但我選擇原諒他們，讓心中的垃圾和怨恨清除，因為父母、師長他們不知道自己的管教已傷了別人。他們是人，他們也會犯錯，我從這些經驗中學習避免和他們犯同樣的錯。不用不合理、權威、壓迫的方式來對待我的學生和孩子，不讓不愉快的傷痛一再重演。過往的不可重來，未來的卻可由我們自己來決定。我下定了最大的決心去碰觸曾經受創的傷口，重新給傷痛、恐懼、怨恨療癒的機會，拒絕讓過去的毒素來操弄現在的我。

學習做自己真正的主人，就從各種經驗中自我成長，可別被挫折、創傷的毒素污染，而讓我們一生背負著痛苦、帶給周遭人傷害喔！

給父母的悄悄話

我始終確信我的媽媽是愛我的，就像我愛我的孩子，但父母常會因一個不適當的小動作或言語，重重刺傷孩子的心。父母陪著孩子成長，應從孩子的叛逆及衝突中，解讀孩子曾受的傷痛。我們的父母不懂得如何愛我們，我們也別因此不知如何愛我們的孩子，我們用更謙卑的心來行使父母的職權，避免由於一時的無心之過，傷了孩子的心喔！

身為父母或老師應該警覺到，我們輕輕的舉動和行為，都可能會深深傷害孩子一輩子。懲罰、責打、羞辱、恐嚇和報復，可能是迅速嚇阻孩子行為的方法，但這些經驗很可能會深刻的烙印在孩子的記憶裡，成為一生的痛！愛孩子的我們應該謹慎使用類似的方法管教孩子，避免讓孩子留下成長的傷痕。

成長的視野

大多數人都在乎別人的看法，也在乎別人對我們的稱呼和言語。其實我們的作爲由我們的想法決定，看重自己，才能不輕易被別人左右喔！

記得在讀國小時有一位老師（教什麼科目，問我什麼問題，我已經記不得了），他問我問題，我不會，教了之後再問，我還是不會，他就很生氣的罵我「白癡」！

有好長一段期間，我的同學都叫我「白癡」，起初還能忍受，漸漸的同學用誇張的動作（半吐舌頭、歪著脖子、像猴子般的手腳蜷曲）取笑我。我個子瘦小，但實在氣不過，所以我經常和這些人打起來，他們便好幾個人聯手把我抬到有水的地方扔下去，有次甚至把我推到廁所的便池上。我的衣服被弄髒撕破，回到家，媽媽有時還會不諒解的把我打罵一頓！

在我成長的過程中，成績和體能的各種表現皆不如人，但我始終喜歡「天公疼憨人」、「一枝草、一點露，駝背（被折損）仔兩點露」的台灣諺語，我相信天地之間有股冥冥的力量會使殘缺不足的人受到庇護，恃強凌弱是不長久的，所以，自國小畢業，我便開始學習讓自己堅強不受欺負，後來，我也驗證了一個人只要看重自己、堅定信念，讓自己具有勇敢、堅定的特質，就沒有什麼能欺負我們。這些特質是內在的修養，而不只是外在肌肉的結實或體格的魁梧喔！

給年輕的朋友

你被欺負過嗎？被欺負時的內心創痛往往是恆久難忘的回憶。你曾經這樣吶喊過嗎？「有一天，我一定要報復回來！」但我發現，這樣瞋恨的心，只會讓我們受創的傷口再次疼痛起來，甚至招惹更多的傷痛。我選擇學習傾聽內在的不平和吶喊，並了解到真正讓自己痛苦的不是別人，而是自己！請試著從內在和自己和好，良性的與自己溝通，不拿別人的錯誤一再的懲罰自己。一個能妥善處理自己傷痛、不以報復的方式讓別人痛苦的人，很自然的能成為一個無懼無畏的勇者。讓自己堅強，讓自己充滿自信，不是從打敗別人開始，而是從征服自己的憤怒和怨恨做起！解讀我們自己內在的不平，我們就較能容易寬恕這些欺負我們的人。一個看重自己和充滿自信的人，是不可能無故侵犯別人的。欺負別人的人，內在充滿著恐懼和自卑，試著理解他們，我們就可以徹底揮去被欺負的傷痛陰影，讓自己成為一個智者和無法被欺凌的勇者，只有這樣我們才可以保護自己和別人。

以暴制暴是不智者的作為，權勢和力氣都是有限的，只要我們能自我解讀和了解，就能掌握真正的力量。請學習做個堅毅不受欺凌的人喔！

給父母的悄悄話

孩子被欺負時，需要的不是責備或說教，而是了解和關懷，若我們能考慮孩子的立場和感受，給孩子支持和鼓勵，讓孩子學習如何堅強，避免淪為被欺負的弱者；最重要的，不論孩子發生什麼事，父母都應以平靜的心面對和解決，才不會讓孩子身心受創後，又要承受父母的情緒衝擊！

受人欺負時的內在不平和衝突，是一個很重要的學習機會，讓我們的孩子了解，欺負別人的人究竟要什麼，我們的孩子才能避免重複受到欺負。引導孩子解讀自己，受欺負的過程就會成為生命中難得的恩典，它會帶引我們走出悲情和不斷抱怨的生命。

我們要正向積極的思考，這個事件能讓我們學習到什麼？這件事如何能成為生命的轉捩點，以及帶給我們全新的視野和未來呢？

幸福契機

生命中的啓示，未必來自大災難後的境遇，平凡的生活中，一樣有著各種生命的契機。只要有顆敏銳和上進的心，很自然能有所察覺，否則再大的刺激，都無法改變一個人！

我曾經認識一位出生在貧苦家庭，後來奮鬥有成的企業家，在他國小五年級時，因爲家中已經無米可煮飯，媽媽就要他拿了袋子去向經營米店的舅舅借米，他很高興的拿了袋子來到舅舅的米店，向他舅舅說：「我媽媽要我來向你借十斤米。」

「我這裡是米店，要買米很多，要借米，回去跟你媽媽說，上次借的要先還才能再借！」舅舅無情的回答。

還是孩子的他，因爲不用揹沉重的米，十分高興的帶著空袋子回家告訴媽媽：「阿舅說要買米他很多，要借米沒有！」

媽媽聽了十分感傷的流下眼淚，他知道事情的嚴重性，暗自發願這輩子一定要努力，絕不讓他的媽媽再掉眼淚。初中畢業之後，他從水電學徒做起，幾經波折和失敗，終於成爲水電及營造公司的大老闆，後來他更擴大幼年的心願，捐助許多款項給國內外貧困的人，希望天下的媽媽都能不因無米可炊而落淚。

這位企業家的成功故事，著實令人感動，可是我們不禁要問：在台灣五、六〇年代，有類似經驗的家庭很多，然而，爲什麼現在的媽媽所流下的眼淚，並沒有發揮了激勵孩子追求上進的效果呢？

給年輕的朋友

一個企業家的成功確實令人羨慕，但能有多少人深刻了解從無米可炊的孩子到億萬富翁的奮鬥過程，他必須比別人更加用心、吃更多的苦。激發他奮發向上的動力可能來自於逃離貧窮和自卑，但一個人的成就若只是要滿足自己佔有更多、更好的欲望，我相信這個人終將會墜入無形的貧窮。像這位企業家一樣發下宏願，除了自己擁有幸福外，也要讓普天下人都能擁有幸福，這樣一來，我們的擁有就不是一時的，而是長遠富足的！

珍惜現在，珍惜可以用自己的努力決定未來。加油！努力做一個可以給自己幸福和別人幸福的人。

給父母的悄悄話

父母的態度深深影響著孩子：我們用什麼態度面對資源不足的辛苦時

刻；面對痛苦意外時，我們說了些什麼，做了些什麼，這都將決定孩子對人、對事的態度。生活周遭充滿了教育我們自身及孩子的機會，例如，媒體常報導父母攜子一同自殺的新聞，或是孩子動不動就有自殺的念頭。我們可以痛心疾首的抱怨沒天理、不公不義，但我們也可以從事件中重新調整自己，讓我們過個積極正面的生活。

傳統的父母習慣承受所有的壓力和痛苦，但何妨讓我們的孩子知道一粥一飯得來不易，並且了解父母在職場上的努力及辛苦，金錢不是按幾下提款機就有的，富裕生活中也有許多難處。教導孩子做一個懂得承擔和努力的人，可別把孩子當成嬌嫩的溫室花朵喲！

成長的富足

我們習慣要這個之後又要那個，不滿這件事或討厭那件事，但如果我們能從生活中了解，一切的取得和擁有，都不是理所當然及應該得到的，能保有一顆珍惜和感恩的心，我們就會有不一樣的人生視野和境界。

幾年前我帶法院的孩子到殘障教養院，希望他們能藉愛心服務的情境，省思生命的難得與健康的重要。早上我們先打掃教養院的環境，再幫院童餵食、按摩，下午則是心得分享。

心得分享是每一個人都必須參加的，輪到我時，因離講台較遠，我走得很快，不慎撞到了第一排的桌角，撞擊力滿大的，所以腿又麻又痛，我一邊揉一邊拿著麥克風，隨口就說：「眞倒楣！自討苦吃！」

「老師！這不叫倒楣，而叫幸運！因爲您只是撞痛了而已，腿又沒斷掉！」第一排的第一位孩子很調皮的說著，全場的人都笑了！

「老師！您要感恩自己還知道痛！」另一位接著說。

「爲什麼？」我放開搓揉大腿的手，很嚴肅的問這個孩子。

「剛剛我在餵院童吃飯，我很疑惑這些孩子是不是眞的不會自己吃，按摩時就故意大力的捏他們，我發現他們對痛的反應十分遲鈍，這才覺悟到痛雖然讓人不舒服，但不是每個人都知道痛的喲！」這個孩子對自己的發現似乎充滿了信心。

「你的發現很了不起。這個發現對你的生活有什麼影響呢？」我問。

「當然有囉！以前我都認爲每天揹的書包好沉重，上課時間好長、好難熬，現在我卻知道書包很重，但不是每個人都有機會揹，上課很難熬，也不是每一個人都有機會領受，所以，我會用感恩的心，去過每一天！」這個孩子臉上泛起了自信的笑容。

我愣在講台上許久，一句話也講不出來，有孩子催促我快講自己的心得，我卻忘了我剛剛想講什麼，因爲這個孩子的感想實在太好了，因此我就說：「我的心得就是珍惜每一天！感恩每一個人，每一個日子！」

「老師，您在唱〈感恩的心〉喔！」這句調皮的話，惹得在場的人哄堂大笑！

給年輕的朋友

苦與樂是比較而來的。讀書、上學的確很苦，我們常會抱怨，每天盯著書本啃，人生真乏味哟！如果讓大人再過一次學生生活，我想沒有幾個人願意。不可否認的，學校生活確實很沒意思，但比起年齡與我們相仿，因腦性麻痺、有著身心障礙的孩子他們所受的苦，我們真像活在天堂裡的天使。

苦與樂都不會恆久存在，時間會讓苦樂成為過去，覺得辛苦就深刻去體會苦的感覺，如果一件事是我們喜歡或願意的，苦就沒那麼苦，不是

嗎？若怕辛苦，就學習把該做的事當作喜歡的事，把自己應負的責任，當成自我磨練和提升的學習機會。人生的每一個階段，都有不同的任務和辛苦，逃避和抱怨只會讓我們吃更多的苦，何不欣然接受，並全力以赴的學習呢？用感恩的心，珍惜自己擁有的幸福，辛苦也就是一種難得的幸福喔！

給父母的悄悄話

孩子的視界若只有教科書、電腦或電視螢幕，那是很可悲的！父母對孩子的期待若只有更好的分數和更高的名次，這也是種悲哀！未來的世界不可能只靠分數或學歷就可取勝，孩子的身心健康和特質、人際互動，及孩子是不是能了解自己的需求及實現自己夢想的能力，都比學歷和分數來得重要。孩子的特質來自父母的對待關係，若父母看重的是結果，完全不在乎孩子努力的過程，卻要求孩子有顆細膩、能知道父母的期待和需求的心，並且珍惜和感恩，那是很困難的事。我們常見辛苦付出的父母，卻教出叛逆不懂事的小孩，這教人感到非常疑惑，其實這都可以從親子的對待關係中了解。孩子的粗暴和勢利，不過是父母的影子，如果我們不珍惜、感恩孩子給我們付出和學習的機會，孩子怎麼會在乎父母為他們所做的一切呢？讓孩子在生活上有機會去體驗不同的生命，是很重要的教育；讓孩子從不同的情境中省思，孩子才會對自己所擁有的感到知足，孩子也才能學會感恩喔！

和自己做約定

生活中有許多事看起來一定非得如此不可，但一經仔細的分析，我們會發現，沒有這樣也沒什麼大不了的。盡我們最大的努力，做一個可以受到信賴的人，如果做不到，也別太在乎別人的看法！

有一次我受邀到一所國中對學生們演講，由於得了感冒，吃藥後竟然整晚都無法入睡，早上起床發現自己眼睛浮腫、頭腦昏沉。但我仍決定出席，出門前我和兒子打招呼，這才發現疼痛的喉嚨僅能發出沙啞的聲音，我立即決定撥電話向這所國中請辭演講。承辦人員接到我的電話，有些不能接受，這個學校爲了我的演講，特別把週會時間調整成兩個小時，並且大費周章的調動了全校的課程。我電話裡的沙啞聲音證明了我的困難，最終得到了諒解，只好改約了下次的時間。

這件事給了我一些啓示。勉強感冒的自己去演講，兩個小時下來，無疑將使我失聲一週以上，與其長久的痛苦，不如明快的決定失約。重承諾是很重要的，但有時在某些場合我卻會毫不猶豫的爽約，如邀宴飲酒、喜慶婚喪之類的應酬。我們若當面回拒往往會很難堪，通常我會答應儘可能到場，而實際卻不會出席。

給年輕的朋友

你可能是一位重承諾、有義氣、說話算話、為朋友可以赴湯蹈火在所不辭的人。我年輕的時候也是這樣，為了怕傷了朋友的面子，經常陪這個朋友、那個朋友，通宵達旦的飲酒作樂；後來我逐漸看清人際之間若為了怕傷和氣而過度勉強自己，這樣的友誼一定是聚得快、散得也快。什麼是有意義的信諾，什麼時候要患難與共，最簡單的標準，就是這件事是否利人利己。是，就應去堅持；不是，違約背信又何妨？

人若違背了自己的承諾，通常都會感到不安，試著聽聽自己的內心對話，「我是真的在乎朋友！」「我在乎做個守信諾的人！」我們何苦要不在乎自己，違背自己的期待，做些自己認為不對或不好的事呢？

給父母的悄悄話

孩子有孩子的價值觀，不論他們交到什麼朋友，做了何等愚蠢的承諾，都是一種成長過程的學習，我們有今天的智慧和成熟也是用這些錯誤的經驗換來的。用分享、協助的方式，可別企圖用言語、用打罵框住孩子的心喔！孩子在乎同儕和老師的看法，我們難道就不在乎主管、同事和親友的看法嗎？用諒解的心來陪孩子走一段成長之路吧！

沙礫中的鑽石

在我們成長的過程中，或多或少都會遇到不如自己期待的挫折或失落：想要的得不到，不想要的偏偏要去面對。用一顆學習的心，從每一個事件中自我成長、激勵自己，讓所有事件都成爲生命中的恩典，而不是惡懲，其中的關鍵就在於你如何思考和面對喔！

二十幾年前，我還是個在營服兵役的阿兵哥，駐地剛開始是在苗栗，隔不久即移防金門。那時我有個認識五、六年的女友，因爲我人在前線無法打電話，所以把焦慮、擔心、思念之情全寫進信紙，每週至少往返兩封信，後來逐漸減爲每週一封，接著兩週一封，最後一個月、兩個月才一封信，到了最後，我寫的信就像石沉大海，有去無回。我寫信請家人打電話了解「她」是否病了，還是發生了

意外，回信的家人說「她」很好，只是太忙了，等有空會寫信給我。「有空」這兩個字如同晴天霹靂，我心中明白所謂的「兵變」已降臨在我身上。那段期間我十分消沉、苦悶，常邀伴飲酒至醉。我的醫官（服役時我在醫療單位）告訴我他失戀多次的經驗，第一次是在高中時，他喜歡上一個沒有升學的國中女同學，當時被拒絕的他眞是痛苦，然而他化悲憤爲力量，努力讀書，決心要讓自己成爲沙礫中的一顆鑽石，後來他考上了醫學院。他說，雖然失戀多次，但是每次失戀都是生命中的轉機，他每次都讓自己從消沉中站了起來。

回台灣之後，我見了這相戀七年餘的女友，沒想到她已另結了新歡，我毫無猶豫的祝福她，並把交往之中（沒有被丟棄）所寫的信，要了回來，我也立志要做沙礫裡的鑽石。爾後痛苦、思念常常在我的心中迴旋、激盪，後來，我又談了幾次戀愛，但都失敗了。我那時最愛的還是初戀情人，直到整整滿十年後，我認識了現在的太太，才知道什麼是適合我的終生伴侶。

這十年裡，我也曾有輕生、殘害自己的念頭，可是我想到這位醫官的勉勵，努力去做「沙礫裡最耀眼的鑽石」！在生命的流轉裡，我充滿了感恩——「還好

當初戀愛是失敗的，若成功了，我的一生會毀在一個不適合我的女孩手中！」也因戀愛的多次失敗，我才在課業上有所突破和長進。

給年輕的朋友

你戀愛了嗎？失戀過嗎？還是有其他不如意的事情發生呢？喜歡他不一定要說出口，因為沒有表白過的愛像是永遠純淨不謝的花，有著美麗和香甜的記憶。若你幸運的戀愛了，請別把初戀情人當成未來的終生伴侶，因為沒有經驗的戀愛，看走眼的機會是很大的。如果你們被限制、阻擾了，千萬別相約去殉情。眼前的美景通常只是想像，有情人成為眷屬才是一切學習的開始，別被浪漫的幻境毀了未來再戀愛的機會喔！

如果幸運的你失戀了，把這段悲憤的歷史，用最短的時間結束掉，化

「危機」為「轉機」，藉此自己好好努力，讓這段痛苦的歲月轉化成生命中最感恩的一刻——「我成功，因為我曾經失戀！」讓自己成為耀眼的寶石，證明對方看走了眼，讓他對這份失敗負責！

如果你正在戀愛，請用愛護的心，去珍惜這份感情吧！愛對方就請別妨礙他或殘害他喔！

給父母的悄悄話

孩子在戀愛，可別在火把上吹冷風或忙著提水滅火喔！把我們的經驗分享給孩子，就像我們再年輕一次、再戀愛一次的心情。如果孩子失戀了，也讓自己重溫當時轟轟烈烈的感情激盪，陪孩子用心走一段愛情路吧！請記住，人生只是過程，可別太緊張，壞了一件「好」事喲！

不論孩子發生什麼事，父母都是孩子最貼心的啦啦隊喔！給孩子掌聲和肯定，不僅要帶引孩子走出陰霾，還要讓孩子在未來懷念及感恩此時此刻，因為有這些事件，才有機會讓孩子知道我們有多麼看重他們、多麼愛他們！生命中的每一刻、每一事件都是恩典！

耐心溝通

我們會認為生活中急切和重要的事，常未獲支持和回應，甚至出現無情的阻擾！別急著在這個時候做出衝動的決定，多給自己和別人一點時間和空間，事情會變得容易解決喔！

有一次我對年輕朋友演講完畢後，一個女孩遞給我一張紙條，她說她父母是傳統、保守的人，反對她去信仰基督教，並揚言若她受洗成為基督徒，將和她斷絕親子關係。

就在我抬頭看這位女孩時，她淚水淌了下來，我問她：「妳為什麼要堅持信仰基督教呢？」

「因為耶穌基督像燈塔一樣，給我光明和方向，只要我親近教堂和《聖經》，

我就感到心安和快樂！」此時她哭泣的臉上洋溢著希望和愉悅。

雖然我和她的宗教信仰不同，但她那份虔誠令我十分感動。我疑惑的問她：「信仰基督教對妳有那樣大的幫助，妳的父母爲什麼反對呢？」

「因爲，信仰基督教就不能拿香拜祖先，就不能到寺廟裡，我的父母認爲這樣就不是一家人了，所以絕對禁止我去受洗。」她亮麗的臉頓時又灰暗了起來。

「我想妳以那麼堅定的心去信仰耶穌基督，祂一定會幫助妳克服難關。暫時別提受洗的事，等因緣成熟了，我確定妳會圓滿如願的成爲一名基督徒！」

我看著這位女孩帶著微笑離開，心也像綻放的花朵，歡喜了起來！

給年輕的朋友

一個有宗教信仰的人，對於人格修養及品格有很大的幫助，但一切都不應太勉強或拘泥形式，否則就失去了宗教應有的美善。從前面的例子，我想談的是「了解別人的感受」，而不是宗教信仰。父母反對我們去做某些事，內心一定有一些假設性的擔憂。我們和父母之間會有衝突，是認為父母不了解我們，但往往我們並非如父母想的那樣，所以會產生許多情緒上的反彈和抗拒，甚至於故意激怒父母，來抗議那未被了解的感受，這樣只會加深父母最初的假想，「你看，你就是不懂事嘛！就是需要父母代替你做決定！」衝突將會愈演愈烈，難有善終。

若我們期待的不是希望父母了解，而是先去了解父母的感受和想法，事情就會容易多了。譬如，父母因為擔心我們背離家庭的傳統、不尊敬祖先，所以限制我們去受洗，如果我們先把他們擔心的事情說出來，並把自己的想法具體陳述，相信最後會得到意想不到的圓滿結果。

每個人都需要了解，父母也是一樣喔！愛就是了解他們。

給父母的悄悄話

我們常會用「應該」、「必須」、「一定」的絕對字眼，告訴孩子我們的決心和想法，要孩子遵從我們的原則。事實上，這樣的「態度」正是孩子抗拒的主因，孩子會叛逆、反對的未必是「事情」，而是這種毫無彈性又硬邦邦的「態度」。

身為父母應該放輕鬆一點！孩子是有理性的，多給他們一些思考和決定的時間和空間。這世界上沒有「絕對」的事，我們和孩子間的激烈對抗，往往是因彼此不肯妥協的態度；有些時候我們可以設定一些不同意但還可以接受的範圍來和孩子溝通，我們的讓步也許會讓孩子放下對抗的態度。親子間沒有比「愛」更重要的事，如果我們愛孩子，何不稍微讓步，學習妥協和支持孩子的想法呢？

微笑面霜

一個人不論他的角色是什麼，都是最重要的。別小看自己每天與人分享的微笑，這世界會因我們的歡喜而改變喔！

佛教慈濟功德會在全球有好幾百萬的會員，他們爲著共同的慈善目標在努力，很多人都很好奇這個大團體吸引人的魅力是什麼。

最初我接觸這個團體時，覺得遇到的每一個人好像都是認識好久的朋友，即使初次到美國、香港、加拿大和澳洲時，也沒有一點陌生國度的感覺。有慈濟人的地方，就有這份溫馨、親和的力量。這是什麼樣的力量呢？慈濟人說這是因爲搽了「慈濟面霜」，才會人見人愛。什麼是慈濟面霜？後來我才知道，原來它就是「微笑」、「微笑」，時時保持「微笑」！

我在輔導許多人際關係欠佳、有暴力傾向的孩子時，我都要他們學會微笑。剛開始他們很排斥我的建議，認爲憑什麼要給別人好臉色。我告訴他們，雖然我們總覺得好人、善良的人常會被騙、被欺負，但我們還是要從自己開始做起，每天都學習著保持一顆愉悅的心，時時關心周遭的人。沒想到我輔導的孩子和父母，因我的微笑化解了彼此的距離，讓我們更容易建立起互信和互助的橋梁，這些孩子也因多了微笑，人際關係變好了，衝突也變少了，更無須用暴力來解決問題，因爲當他們臉上掛著笑容時，別人很自然的也會還以笑臉。微笑可以化解人與人之間的疏離與敵意，更會縮短人與人的距離。「微笑」不只是掛在臉上給別人看，我們還要時時將一顆「微笑的心」還給自己。「微笑」使我們臉部肌肉放鬆、神經不再緊張，「微笑」會帶給我們春天的和風和滿園滿室的清涼，徜徉其中，人會充滿幸福和希望。中國人是一個咳嗽聲比笑聲多的民族，我們要常微笑，走出保守的國度，也開創出屬於自己的心靈春天。

給年輕的朋友

「要改變別人，先要從改變自己做起」，若我們有顆微笑的心，眼裡的世界就會充滿光明和希望；若我們心中有埋怨、不平，你只要回頭看看鏡子裡的自己，就會發現再美麗、英俊的臉都會因而變得醜陋。如果我們已經很習慣當我們的內心不舒服時，就把手指指向別人，認為都是別人的錯，才讓我們不開心，那麼請仔細的傾聽我們內在的聲音，我們的內在充滿了不理性和暴力的語言，所以我們無法讓自己平靜，更不可能讓自己放鬆。學習和自己的憤怒對話，解讀自己所受的不平和委屈，並了解我們真正想要的是什麼，我們又該如何得到。試著改變自己情緒發洩的習慣，如果任由情緒的風暴肆虐我們的心靈、指責別人或自己，這樣只會增加煩惱而已。要使別人不再對我們做出不如己願的事，就要把我們對自己的防衛武裝卸下，坦誠內在並解除風暴對話。當我們內在風平浪靜了，再看一下

鏡中的我們，讓人喜歡的模樣又回來了，接著用「微笑」重新開啓良性互動的大門，用「微笑」來接納對方，用「微笑」讓自己天寬地闊。

要常「笑」，否則就容易讓自己打結喔！

給父母的悄悄話

在從事親子關係輔導時，往往我只要看到孩子臉上的表情，就可以猜測到父母的模樣，因為孩子和父母長期互動，他們彼此之間情緒是互通的。若沒有好心情，一個家庭就常發生為小事而抓狂的大事。父母的情緒決定一家人的心情，我們的臉部表情通常決定孩子的人際互動和運氣好壞喔！為了孩子的燦爛人生，處處能與人結好緣，我們就要時時保持微笑，讓孩子沐浴在有笑的家庭裡，讓孩子充滿安全和希望喔！

小奇蹟大天才

只要奮發向上，堅持到底的努力，每一個人都是自己生命中的天才！

有一次我到一處啓智中心，和老師們做專題演講，講完之後有一段雙向交流時間，其中一位老師提供了一個案例，她說：幾年前，她曾經帶過有九個學生的班級，其中一個到了國小三年級，還不會自己大、小便，連簡單的稱呼都不會，這位老師十分苦惱，因爲父母每個月要繳納一筆辛苦賺來的教養費，若六年的時間這個孩子一事無成，豈不是很對不起他的父母。這個孩子起初被診斷是蒙古症，矮矮胖胖八十幾公斤，眼神遲滯，不易與人互動，正好這位老師有位朋友在教柔道，便帶這個孩子去學柔道。剛開始他參與情況並不好，後來開始對摔練習，他便很有興趣的胡鬧。一年半之後，奇蹟出現了，這個孩子不僅能自己控制

大、小便，還學會簡單的數字和國字，國中上啓智班讀了五年，畢業後和一般生參與聯考，竟考上了一所不錯的專科，現在是五年級的學生。

老師開玩笑的說：「以後啓智學校要多開設柔道課，讓這些智障的孩子摔一摔，就可以摔出聰明！」這些話讓大家開心了好幾分鐘，討論和分享也就熱絡起來。每個老師都有幾個特殊的成功案例，我很冷靜的分析，發現這些有智力障礙的孩子，都非眞正學不會，而是他們沒有足夠的能力去教自己堅持努力不懈，只要他們有了成功經驗，願意努力還是有許多機會，更何況心智能力正常的人呢？

給年輕的朋友

那個因學柔道而改善的孩子，你知道是什麼原因嗎？不是被摔聰明的，而是在學柔道的過程中，因為他胖別人都摔不動他，而他輕易就可以

把別人摔倒，嘗到了成功滋味之後，他願意去努力和學習。

這個孩子五歲之前，因家庭疏於照顧，發展遲鈍，五到七歲間又因父母離婚，母親再嫁，經常受到責罵和羞辱，智能沒有增長，反而退化，七歲以後他幾乎沒有學習的行為。

從這例子中，好像是要告訴我們，父母決定了一個孩子的智能發展。其實不完全如此，自我的肯定是非常重要的。「我行！」「我會！」「我願意！」「我要……」不斷的給自己積極正向的訊息，即使智能上較差，但只要願意努力，也會有成功的機會！

給父母的悄悄話

「花木是朝著陽光方向發展，人是往讚美的方向努力」，孩子成長的過程中，若我們能給予正向的訊息，孩子的成長會出現一連串的奇蹟。

在台灣，大部分的智障兒是「學習」方面的障礙，以及態度上努力不夠，而非真正的「智力」不足。只要父母用心去激勵孩子，讓孩子嘗到成功的滋味，孩子會以努力來回報我們的。只要肯學習，孩子會在良性循環中，刺激腦部及神經的健全發展。我們或許做不成天才父母，也不要因孩子的一時挫敗而放棄努力喔！

吝嗇富翁

大部分人都期待一夕致富，都希望一步登天，不經辛苦的過程，就能得到最好的結果；但事實一再的證明，沒有努力，就不會有收穫。意外的收穫，往往要在未來付出更多代價。

有個故事我很喜歡，常拿來自我勉勵。

從前有兩個富翁，一個慷慨，一個吝嗇，有一天吝嗇的富翁造訪慷慨的富翁，見到他富麗堂皇的樓房高大而美麗，尤其是登上高樓向遠眺望可眞是舒服，吝嗇的富翁心想：「比錢財、土地我又沒比他少，他可以蓋高樓，我也可以！」

回家之後，他就命令僕人去把建造那幢高樓的工匠找來。

他問了那位工匠：「那幢華麗的樓房是你蓋的？」

「是的，那是我蓋的！」工匠回答。

「很好！你立刻給我蓋同樣的樓房！」吝嗇的富翁說。

工匠報告吝嗇的富翁蓋同樣的樓房要三百萬元。吝嗇的富翁捨不得花三百萬元，心想：「那幢三層樓房最漂亮的是第三層，何必浪費金錢蓋第一、二層呢？」於是他就拿一百萬給工匠，要工匠不要蓋一、二層樓，只須蓋第三層樓房。

儘管工匠一再的解釋，吝嗇的富翁還是堅持只蓋第三層。當然，樓房最後沒蓋成囉！（見佛經故事《百喻經》）

給年輕的朋友

我們都會覺得前面寓言中這個吝嗇的富翁真是愚癡，沒蓋一、二層樓怎麼能蓋第三層樓呢？可是社會中有多少年輕人是這樣想的：讀書時總希望不要讀國小、國中、高中，而能直接上大學；平日不用功，考試卻想得

高分；身上明明沒有多少錢，卻希望能夠馬上擁有名貴轎車、高級住宅。

凡事都應由基礎做起，把地基建好了才能蓋一樓，之後才能蓋二樓、三樓。可別羨慕那些富家子弟沒有努力就有享受，他們只不過是踩在父母蓋的一、二層樓房上。不是自己努力蓋的樓房，最終都會因祖上的積業用盡，而一無所有！長遠的未來和專業上的知識及成就，都得靠自己點滴堆砌和營造，可別因過多的貪念，變得跟吝嗇的富翁一樣，不蓋一、二層，只想蓋第三層樓房喔！

給父母的悄悄話

孩子的想法不夠成熟時，別急著馬上糾正孩子，多少大人也是不切實際，貪求獲得而不想付出。多給孩子一些時間去磨練自己的心志吧！

part 2 規劃自我

我是誰？我要去哪裡？自有歷史以來，人們便想要一個明確的答案，有人藉著哲學或宗教，找到自己認爲適切的答案。但什麼是眞正的答案，沒有人能代替我們尋找，我們必須在生命的旅程中，立下目標逐一的努力實現，去發現什麼是自己追求的，什麼又和自己無關。規劃自己，就是給自己一次機會，去了解自己的潛能和需求是什麼，我們會在一次又一次的努力中，找回自信，會在一次又一次的努力中，知道自己和大部分的事物無關。我們要的是簡單的生活，保留更多時間和自己在一起！

辛勤種樹，成功結果

每個人期待的成功不同，但眞正有機會嘗到成功滋味的人卻很少，主要的原因在於，任何夢想達成的過程，都充滿了枯燥和寂寞。給自己一次成功的機會，學習享受每一個努力和付出的過程吧！

阿杰國中三年級，由於學校成績一直不理想，所以聯考在即也不當一回事，每天照樣玩樂。父母十分著急，學校老師認爲阿杰不喜歡讀書，何不協助他去參加職業訓練，有一技之長比較容易就業。可是阿杰堅持要升學，要再繼續讀書。

這樣的回應，令父母和老師十分驚訝，爲何要升學又不肯花心思用功呢？阿杰爲了應付父母的期許，只好每天坐在書桌前勉強的翻一下書。但心實在靜不下來，又想到自己若只有國中畢業，以後像父母一樣去做粗重工作，心中就愈來愈煩，常常脾氣暴躁，令父母及老師憂心！

阿杰到底要什麼呢？爲什麼面對自己希望的，又不肯去努力呢？這社會上有許多像阿杰一樣的例子——「我要……」「我想……」但「我不知該如何去努力」。會這樣「說到做不到」，最主要的原因是，當別人在努力時，這些人在玩樂，等到警覺自己也需要努力時，才發現荒廢了時光，前途一片空白。

有一些人會怨天尤人，羨慕別人經由努力過程得到的成果，他們會用不法的手段，甚至於不擇手段的去騙、去搶、去奪。但不是努力掙得的果實，絕對是苦澀和短暫的，而且這果實也會是毒果，讓我們嘗盡苦痛。

給年輕的朋友

我們每個人身上多少都有一些阿杰的影子，面對夢想卻不知如何去努

力，或努力的過程常提不起勁。這是人之常情，只有極少數人從小立定志向後，能持續不斷的努力直到成功為止。一個人成功與否的重要性，可能在於努力的過程。我以前也是一個經常立志和經常懈怠的人，現在的我仍經常立志要做什麼事，而我所立的志願，大部分都能成功，原因沒有別的，就是不斷的堅持努力！再努力！「成」與「敗」就在過程中決定。無論遇到什麼難關，只要激勵自己再撐一下，撐下去的人便有機會品嘗成功的果實，放棄的人只能吸吮懊悔的苦汁！

給父母的悄悄話

孩子讀不下書時，用逼迫和嘲諷的方式，只會讓孩子焦慮和不安。孩子其實也想好好讀書，只是不知如何開始，不知如何讓自己持續和不懈怠而已。陪孩子走一段艱辛的努力過程，並在過程中預見成果。在每一個成功經驗中，堅定自己的信心，體驗成長的喜悅。成功的道路是人走出來的，父母的鼓勵與支持，是孩子生命中最大的動力和資產！

分數方向盤

努力是很可貴的，許多人放棄持續努力，是因爲一再的努力卻得不到自己預期的成就。事實上，任何的努力都慢慢在接近自己所立下的目標，如果你半途而廢，豈不是讓所有的努力付諸流水？再給自己一次機會堅持努力吧！

考試和分數離我已是很遙遠的事，但午夜夢迴我仍常爲過去不會作答的試卷而驚醒。讀書和考試的過程中，始終讓我無法鬆口氣的就是「分數」，一開始我以爲只有成績差的人才有這種壓力，結婚之後，發現成長過程一帆風順、「試試」如意的太太，也常有爲考試而驚醒的時候。我們談起考試的話題，方知不論成績高下，每一個學生對於分數都充滿了壓力和恐懼！

成績好的人希望能保有好成績，以維持名列前茅的地位，甚至精益求精，一被扣分就會自責於自己的粗心及不夠用功。最近，從報紙上得知，有一個學生因某一科分數從九十分降到了八十分，內心便充滿了焦慮，憂鬱到無法再繼續努力而跳樓自殺。這是很愚蠢的不良示範，他不了解一時的成績不代表一世的成就。

成績較差的人，爲了避免吊車尾（最後一名）和被當（不及格）而努力，好成績者每分必爭的想法，他們是很難理解的。

當然，經常拿八、九十分的人會很疑惑，爲什麼連這麼簡單的東西也學不會，爲什麼有人連六十分都拿不到，眞是不可思議！

給年輕的朋友

不論你現在是哪一種情況，我們都應該要有自覺，分數不代表用功，也不代表能力，分數只是評量、測驗的指標，除了升高中的基本學測和大

學的聯考，其餘的考試都只是練習。考試的目的是讓我們知道哪裡還未學會，若我們能從每一次考試把失去的分數找回來、把不會的學會，就是一百分，就可以在真正關鍵的重要考試中，重拾屬於我們的分數。

考試和人生許多事情都是一樣，用功、努力的人未必都有好的結果，原因不在於自己聰明與否，或者是否公平，而要從過程中深刻了解別人是怎麼做到的——為什麼別人可以，而我做不到呢？設法突破自己學習上的困難，得到自己應得的分數，更重要的，我們要清楚學校的各種考試都只是練習而已，我們可不要輕易的否定自己喔！往後人生的許多遭遇，如果我們堅定信心和毅力的去努力，不僅不會被困難打敗，還能突破重圍獲得成功的果實。

適當的「放鬆自己」是最重要的！不管別人眼光如何，自己的目標要很明確，把決勝點設在基測和聯考，甚至是一生的成敗，切莫被一場小考、期中考或期末考給打敗。記住：「分數不代表什麼！把失去的分數找回來，做個自己心目中永遠滿分的戰將！」

給父母的悄悄話

我們往往都會從孩子的成績單上看到不該失去的分數，我們的嘲諷和責備，目的是希望孩子能精益求精的從A進步到A+，但這樣的態度會繃緊孩子的精神，造成過分的壓力和緊張，還可能會「不戰而敗」！

別把孩子逼上憂鬱症或精神分裂症才來懊悔，只要孩子健康，只要孩子有心上進，儘管路途崎嶇，總有到達的一天。孩子是自己成長路上唯一的選手，任何的競爭都是假象，父母是孩子最重要的一支啦啦隊，不論孩子是否如我們期待，父母能明確了解啦啦隊的角色，堅持用「掌聲」來鼓勵孩子，相信孩子會為自己盡最大的努力和堅持！

態度決定成敗

每一個人的境遇不同，有人得意於求學過程，有人在事業上鋒芒畢露，而有人卻在人生的最後階段一敗塗地！只有堅持努力及服務態度的人，才能享受最終及最豐盛的果實。

有一天我和幾個企業界的朋友聚餐，在交換名片之後，他們看到我的職稱是少年觀護人，他們不禁搖頭嘆息說，現在年輕人眞是不好用。他們七嘴八舌的敘述這些新新人類的工作態度，有下列的缺點：

一、不負責任；

二、缺乏耐心；

三、欠缺學習熱忱；

四、不肯面對錯誤；

五、不能忍受挫折；

六、只講權利不盡義務；

七、排斥職務上的倫理（上下）關係；

八、付出就要有報酬（不做沒有酬勞的事）；

九、輕視粗重的勞力工作；

十、及時享樂，不肯多學習和付出。

以上十點是時下年輕人常見的工作態度，看起來好像一無是處，其實這些企業界的朋友也談到時下年輕人擁有活潑、開朗、有活力和創意等等特質，亦是很難得的優點。

給年輕的朋友

我在這裡不是要表達一些待人處事的大道理，而是想告訴那些渴望有朝一日，能在工作及事業上展現自己的人：只要我們沒有別人共通的缺點，又能適時的發揮長處，在眾多年輕人之中，可期待你馬上會被信任和重用。

很多年輕人抱怨上司代替你選擇工作項目和內容，若你樂於工作和學習，而非不滿意時間和空間受到約束，確信五年、十年後，你也會成為上司和主管，而且是一位十分稱職的領導者喔！

中國人的世界裡，每一個人都想當老闆，所以，小企業、零售商四處可見。其實在一生之中，若我們甘於做夥計，受僱於人，在能展現自我、發揮才華的公司及工廠中磨練、升遷，絕對勝過做個小老闆。

不管你的想法和決定是什麼，現在是個學生，我們就好好磨練自己以服務別人為樂的做事態度。這個世界一直是個彼此服務的社會，我們的態度決定我們的機會。給自己生命一次不一樣的機會，學習做個主動付出並積極以赴的人吧！

給父母的悄悄話

孩子和我們一樣，都是在生活中自我成長，身為父母應正視孩子面對挫折和難以適應時的煩惱和痛苦，教導孩子如何在遇到不如預期的結果時，以正面的態度面對。無須過分擔心我們的孩子，成長中的他們必定會逢凶化吉，處處有貴人相助的。

過去的社會，機會在於一個人的學識及能力，而現今是一個人人學識及能力相近的世界，秉持積極努力和服務為樂的態度，會讓我們的孩子未來有更多機會和能力服務別人，成為一個出眾不凡的人！

未來掌握在自己手上

有人羨慕別人有富爸爸或富媽媽，或希望能嫁或娶個有錢人，更有人期待自己一帆風順，得貴人提拔。我的看法是，不論你的背景是什麼，重要的是，只要你能奮發向上、努力以赴，各種背景都會是未來的資產，否則任何背景都會是你的負債喔！

我讀小學時，學校裡出了一位受人矚目的天才兒童，他會拉小提琴、會心算，而且珠算一級棒，科學展覽全省第一名，國語文演講、書法樣樣精通。那個時候大家普遍都貧窮，而他家住的是新蓋的樓房，穿的衣服都是成套，還每天都穿皮鞋。而一般人是連膠鞋都買不起！

二十幾年後召開同學會，大家都議論紛紛這個被喻爲小鎮未來的明日之星，現在是何等模樣？

他在上大學前，一切都很順利，國小畢業後就讀私立中學，高中一舉考上建國中學，大家都看好他會順利進入台大醫科，然後返鄉來接他爸爸醫生的棒子。很可惜他大學沒考好，最後去讀軍事院校，沒順利讀完就休學當兵，役畢後他赴美留學，後來回國工作，因脾氣暴躁不易與人相處，現在在親戚的外商公司擔任職員，十分不得志。我們邀他參加同學會，他的家人推說他很忙，沒空來參加。

同學會的時候，言談之中又像回到了兒時情景。他穿得整齊潔淨，玩的東西都和我們不同，我們只能好奇地圍觀他的新奇玩具。而今，每次經過他家，我們都會忍不住的把眼光停留在那幢老舊的樓房，周遭蓋起了高樓大廈後，愈顯其陳舊。但不論環境如何變化，這幢房子、這戶人家，都是我們回憶裡的富麗王國！

給年輕的朋友

你是不是人人羨慕，那富麗王國裡的王子與公主呢？我希望你不是，

因為在眾人矚目下長大的孩子，是充滿壓力和孤單的。成長的過程我不曾得過任何的獎項或別人的讚美，所以每次有人給我鼓勵，我都懷著感恩的心，希望自己能全力以赴，不要讓自己和他人失望。

以前我會立志當個受到注目和尊重的人，現在我卻十分珍惜過去，那時沒有太多人認識我，沒有人會關心我在做什麼，因此我能夠盡情的去發揮自己，做想做的事。

年輕的時候，總夢想自己能名列前茅、才華出眾，贏得別人的熱烈掌聲。但我們一定要清楚，自己究竟想要什麼，千萬別在忙碌及掌聲中迷失了自己。眼前風光、亮麗的背後，可能是寂寞、孤單、壓力沉重。做一個自在的人，不要去貪求無益於自我成長的名利！

給父母的悄悄話

父母都以子女的成就為榮，希望孩子有卓越傑出的表現，我們常會對孩子說：「別人行，你也要行！」卻常常疏忽了，孩子不是我們拿來比較的籌碼，也不是滿足我們虛榮的玩偶。

孩子非常需要獨立思考以及自我發揮的空間，我們不僅要減少孩子所承受不必要的壓力，還要為孩子撥開遮雲，讓孩子見到屬於自己的美麗天空。父母的角色是陪著孩子一起成長，和孩子共有這份經歷、愛與被愛的成功經驗。

許多父母努力堆積財富，為的是讓孩子減少幾十年的奮鬥，我們何不堅持投資孩子生活的經驗，期待他未來能在人生道路上擁有堅強的毅力，讓他做一個有能力愛人及被愛，勇於實踐自己夢想的人！

承擔困難的能量

遇到難以面對的困難，你可以選擇逃避，但你也可以選擇讓它成為生命的恩典及禮物。

在我輔導的孩子中，曾有一、二十位孩子爲了男女感情、父母相處不睦、感染毒癮……等原因，來向我訴說他們不想再活下去的想法。我不像一般老師會追根究柢的追查動機，然後曉以大義的陳述生命的可貴，說些死亡只會傷害自己的話。因爲這些話並不能解決自殺者的問題，通常我會轉移孩子期待別人關心的焦點，反問這些孩子：「你並不是眞的想死，只是不知道該怎樣讓自己過得快樂和幸福，對嗎？」

許多孩子告訴我要去自殺，其實只是發出緊張求助的訊息，希望有人能聽他陳述心中萬般無奈和痛苦。散播這些悲苦的訊息是不能解決問題的，我了解這些孩子心中的期待，所以故意要讓他們正視自己的選擇——自殺背後真正的聲音，是自己的無助及痛苦。

大部分的孩子都很難否認我的問話，的確，每個人都會有情緒低落、對眼前的一切厭惡到極點的時刻，也許這樣的疲倦讓我們很想脫離一切好好休息，但這並不表示，結束自己的生命是唯一的選擇。還是有其他的選擇，放下所有的角色和責任，平靜的和自己相處，再思考什麼事是該做的，什麼事是可以輕輕帶過的。我有時會好奇的想知道，這些有輕生念頭的孩子，他們對自殺的認識到底有多少。他們會輕率的說：「喝毒藥！一喝百了！」可是當我拿喝農藥和強酸未死的痛苦報導給他們看之後，他們會說：「那就跳樓或燒炭自殺吧！」而我也有一些相關的資料和照片。看到那些慘不忍睹的照片，許多孩子都會顯得十分焦慮和恐懼。不論哪種自殺方式必然會經歷一段痛苦的過程，沒有哪種方法是很「痛快」的死，幾乎所有方法都會受到極度的痛苦，如果可以面對這樣的痛苦，生活中的苦又算得了什麼呢？

我想告訴孩子的是——「死亡」雖是一種解決的方法，但卻是最痛苦也最沒

有價値的一種選擇，除此之外還有許多可以思考的空間。「痛苦」和「快樂」都不會恆久存在，它也有生滅。因「失去快樂、痛苦到來」這個原因而選擇死亡，是不理性的。失去的快樂，雖不會再重現，但有其他無數的快樂會再生；到來的痛苦，雖然難以承受，但轉眼間它也會成爲過去。「面對」和「承擔」是生命中最重要的認知。

近二十年我所輔導過的孩子，雖有意外死亡的，目前還沒有因自殺而身亡的，因爲他們一致的看法是，死都這麼痛苦，活著又會怎樣呢？天底下沒有什麼大不了的事，死的痛苦都不怕，還有什麼不能承擔的呢？

給年輕的朋友

看到這段文字是不是很沉悶？人在成長的過程，都難免會有「活著沒什麼意思」的感覺。尤其是在努力期盼許久的希望落空時，難免會有「人生真不知何去何從」的迷失時刻，這個時候我們更須冷靜自己，深刻的品嘗落寞孤單的滋味。

人生是個歷程，這個社會有人因考試成績欠佳、升不了職、發不了財、贏不得愛而尋死，但成績好的、升官發財的、得到愛的又怎樣呢？快樂總是如此短暫，快樂過後一樣要日食三餐、如廁數次、睏了要睡。人生多滋味，只能在擁有生命的時刻品嘗，死了什麼都無法體會。

人生究竟為什麼而活呢？許多人因找不到答案而去尋死，其實以為知道人生目的的人，其所知未必是真的。生命本身就是一個目的，從經歷中不斷的自我成長，任何事的發生都會是有意義的。試著去了解隱藏在不幸和厄運中的恩典吧！

給父母的悄悄話

如果孩子有自殺的想法，不需要太緊張，孩子有這樣的念頭時，正是親子共同學習檢視「生命教育」的一刻。唯有深刻的感受和分享，我們才能和孩子一起成長。許多人依靠宗教來解讀或釋放生活中的疑惑和苦痛，也有人靠著自己的信念和毅力克服恐懼和痛苦，還有人傾聽內在的聲音去了解和懂得自己。不論什麼方法都是好的，只要能讓我們的生命找到方向，就可以在艱困的經驗中，看見生命的恩典。

父母對人對事的態度，將影響著孩子的認知和抉擇。若我們時常在生活中抱怨和不平，甚至常把「死」掛在嘴上，很自然的孩子也會複製。學習正向積極的思考習慣，用感恩珍惜的心看待生命中的各種遭遇，我們會將我們生命中「樂觀進取」的積極態度，傳送給我們心愛的孩子喔！

對自己的選擇負責

生命中有無數的選擇，不論你選擇什麼，都沒有對或錯。我們要忠於自己的選擇，接受自己決定的一切。

小梅是國中二年級的學生，外向活潑，由於爸媽的管教較權威，小梅個性倔強又不易受屈服，經常在家裡演出「父女對槓」的火爆場面。有一次爸爸在爭吵中實在氣不過，要小梅有本事就自己獨立生活，不要依賴父母，於是小梅一氣之下離家出走。

小梅離家之後，父女都在懊悔，但彼此又拉不下臉。有一天小梅偷跑回家，想拿點衣物和錢，正好被爸爸撞見，父女再次針鋒相對。先是言辭對抗，後來因爲老爸氣不過，想把小梅反鎖在房間，不讓小梅出去，小梅力氣小，抵抗不過，

用腳踢了爸爸，爸爸情緒激動的把小梅摔倒在地上，然後亂踢亂打，再把小梅反綁在椅子上，用理髮剪把小梅染色的頭髮理成光頭。

爸爸心想：一個女孩子理個大光頭，看妳還能往哪裡去。小梅內心沒屈服，在家拒絕吃喝兩、三天，最後爸爸在媽媽的勸告下，解除了小梅的捆綁，然而小梅一言不發，塡飽了肚子、睡足了覺，整理好自己的衣物，也偷了爸媽的一些錢，想趁父母睡覺時逃家。當她發現大門被反鎖了，竟不顧危險從二樓的安全窗口跳了下來！

五個月之後，小梅被法院協尋到案，已有四個多月身孕，她問我的第一個問題是：「我曾經吸毒，會不會影響我的胎兒的健康？」這段話感動了我，小梅的男朋友是大她十幾歲的水泥工，也曾吸毒。在一、兩個小時的晤談中，我也約了小梅的爸媽，爸爸氣沖沖的表示要斷絕親子關係，媽媽雖有責備，卻一直淚流滿面的抱著小梅。我花了一個下午的時間，分析小梅的狀況，希望爸爸能原諒小梅，用祝福的心，讓小梅和男友結婚。爸爸的態度最後改變了，但和小梅約定從今以後，若再有什麼狀況，父母不會出面處理！

給年輕的朋友

你可能很關心，小梅從此是否過著幸福、美滿的生活呢？當然不是，結婚之後的小梅不被婆家所接納，只好隨她先生在外租屋生活。孩子出生時，她先生卻因吸毒案被判刑七個月入監服刑，小梅為了生活，勇敢的揹著孩子做水泥零工維持生計，每個假日從工地回板橋探望父母，到桃園看看生病的婆婆及服刑中的先生。

小梅未滿十五歲即當了媽媽，辛苦當然不言而喻，而她仍滿懷希望的等待她先生出獄。七個月艱苦的日子熬過去了，小梅從生活中得到了體驗和成長，也從照顧孩子的過程中懺悔己過、感恩父母。這樣的日子雖然辛苦，但她以正面的心態努力過生活，至少也擁有一個健全的家庭。面對人生的抉擇，小梅是個很好的例子，一個十四歲的孩子，可以去讀書、玩

樂，也可以後揹小孩，左提一袋嬰兒用品，右提一包生活所需的東西，蹣跚的走向人生之路。什麼是好，什麼是壞，沒有一定標準，全憑我們去選擇，不論我們選了什麼，都不能後悔，必須勇敢去面對和承擔。

給父母的悄悄話

看了這則故事，心頭是否像壓了塊大石頭，怎麼會這樣呢？應該慶幸她是別人家的女兒嗎？我們管教子女的方式，若是用相同的權威要孩子屈從，叛逆頑抗的孩子必定會出現在我們家裡。

不管孩子發生什麼事，多聽少說，不要急切的希望孩子改變，因為那是不可能的。最重要的要試著改變我們自己，父母引導孩子的言行，我們改變了，孩子才可能有所轉變喔！

盡本分，做好事

做自己喜歡的事和喜歡該做的事，看起來差別不大，但一個人只挑自己喜歡的事做，而不管自己的責任和義務，這是不負責任的態度。學習把該做的事，變成自己喜歡的事，你就是個擁有大本事的人！

有一次我受邀到一所國中演講，主題是「遠離誘惑，努力自己」。我問在場的同學，今天有日行一善的請舉手，很高興見到三個同學舉起了手，我請他們上台來講述日行一善的經過。他們三位只推一位代表到講台上，因爲三個人同做一件善事。

「上學途中，我們三個人一起幫老太太過馬路！」這位同學說。

「很好！那你們一定很高興做了一件好事囉！」我問。

「沒有！三個人都很難過！」他收斂起笑容嚴肅的說。

「爲什麼？」我驚訝的問。

「因爲那位老太太好像不是要過馬路，我們爲了要寫童軍作業，一個人拉左手，一個人拉右手，另外一個在後面推她！」他有些不好意思的陳述著。

「後來呢？」

「我們就來學校了，她好像又想要走回原來站的地方！」

在場的幾百名學生笑得人仰馬翻，整個會場頓時喧譁熱鬧了起來。

「這三位同學也許沒有做什麼善事，但他們可能開創了一個給別人做善事的機會，這勉強也算是一件善事！」

全場又是一片笑聲。

我講述了能夠給別人歡喜，給別人方便和利益，都是好事。好事不一定是捐錢或花時間去奉獻、服務，歡喜的把自己該做的事做好，就是最難得的好事。一個學生喜歡學習自我成長，讓父母安心、老師開心，就是最好的事！

給年輕的朋友

喜歡自己的責任及該做的事，就是一件好事；把自己該做的事做好，你就是一個有本事的人。你可能會有疑問：那每一個人天天都在做好事，都是有本事的人囉？其實不然，因為做好事看似容易，卻不是每一個人都做得到喲！

在學校裡，我們若能遵守規定按時上下課，上課時安靜聽講，這樣一來老師就不用煩心生氣，而且會有成就感，這就是對老師所做的好事；放學準時回家，能讓父母安心，這也就是對父母所做的好事；臉上常掛著笑容、別人有難及時伸出援手，這些都是難得的好事！

「盡本分的人，就有本事！」若這一生中不論做什麼事，都歡喜的盡最大努力把事情做好，這樣不僅是有本事的人，也是做好事的人。

給父母的悄悄話

孩子要盡本分，父母也是一樣，在生活中只要我們無怨無尤的把每一件事做好，而且珍惜、感恩孩子給我們付出及服務的機會，每一天、每一個時刻，都讓孩子看到我們的笑容，這就是父母最好的本事，也是父母能為孩子做的最大一件好事喔！

做自己的舵手

我們可能不是第一名，也不是什麼狀元，但保持積極的態度，努力以赴堅持到底，最後我們都會航抵自己的夢想國度！

十幾年前（八十五年二月五日）《民生報》刊載〈國家考試榜首傳奇〉一文，訪問的是一位劉先生。國家考試榜首何其多，劉先生特殊之處是考試院統計最年輕的十三職等（公務人員最高職位十四職等）公務人員（三十二歲即升任參事一職），可謂年輕的高官。劉先生的成功憑的不是家世背景，全靠自己苦學努力而來。

劉先生出身農家，自幼即靠自己讀書，國小、國中智育全是第一名，因家貧報考師專繼續升學，畢業後考取人事行政人員高等考試榜首，就公職之後才上夜大就讀，再考上研究所取得碩、博士學位，並通過甲等特考，取得簡任（公務員中之高級官員）資格，一生之中可謂是「試試」順利。

除了幸運，劉先生亦非常努力，最重要的是他講求讀書的效率和方法。國小階段，讀書重記憶；國中時則要重點分析，不能再從頭背到尾；高中應該注重理解和整理；大學、研究所重視思考。各個求學階段，讀書的方法是不一樣的，求學過程中我們或許不曾得過第一名或狀元，重要的是我們願意去努力。因爲第一名只有一個，成績優異，人生的過程可能順利些，卻不表示這就是成功了。

經過十幾年，年輕的狀元和最年輕的高官頭銜可能早已不再被人提起，但劉先生的經歷可以給我們一個啓示：生命的旅程，幸運和順利未必就一定是個「好」字，每一種境遇都應該是上天的恩典！

給年輕的朋友

我並不是故意要選這樣的故事來挫敗大家，我也曾是考場上接連失敗

的人，成功的人有他們的祕訣，但不是每一個人都適用。劉先生是考場的狀元，官場上的第一名，我們不用跟他比，而是要跟自己比。今天我是否比昨天、前天進步了呢？若沒有，我們應該停下腳步想一想，我們是否用錯了力，使錯了方法呢？努力的人才有機會，而只有方法對的人，努力才有用喔！

我們也許再怎麼努力，都難登考試狀元或任何比賽的第一名，但又何必因此而難過呢？第一名只有一個，而且也是短暫的佔有，隔一年或一次的比賽，誰都記不得過往許多第一名和狀元了。生命旅程中沒有輸贏或成敗，凡事多多參與，從參與的過程豐富我們的生命經驗，最後一定會發現，第一名和狀元，後來的境遇未必比我們更好喔！賞識自己的優點和幸運，我們永遠都是自己心目中的狀元和第一名！

給父母的悄悄話

父母親若重視的不只是孩子的有形成績，而更加重視孩子的生活經驗及自我成長，我們的孩子也許沒有狀元或第一名的榮銜，但他終究是個贏家。不要讓孩子輸在別人的完美期待和無情批判裡，看重孩子的努力，給孩子最大的支持和鼓勵——他一直都是最棒和無法比較的。我們不需要孩子用一百分和第一名來證明他的優秀，也不需要以成為贏過所有人的狀元，來證明我們是個稱職傑出的父母！

看見孩子的獨特，賞識孩子的努力，隨時準備給孩子大大的鼓勵和喝采：在父母眼中他一直是夠好、夠棒的！能擁有父母賞識的孩子是最大的贏家；若不得父母賞識，所有的贏都將黯然失色。爸媽加油！做一個最出色的啦啦隊吧！

part 3 勇於夢想

夢想是什麼？夢想是生命的活泉，有夢想，人生就會充滿著希望，沒有夢想，人就容易失去方向。愈小的孩子愈敢去夢想，愈大的人愈不敢有夢想，因爲人生的閱歷，讓我們知道有許多事想得容易，要實現卻很困難。但這個世上有少數的人，一生都懷著不同的夢想，而且充滿著積極、有活力的生活態度。我鼓勵孩子像我一樣，隨時都要給自己夢想，不論我們的年齡如何，處境是怎樣，永遠不要讓自己的夢想停止，有夢想就有努力的希望，有夢想才能激發我們的潛能。永遠帶著夢想，爲自己的生命做最大的奉獻！

實力養成班

把生活中的每一件小事處理好，我們的生命就不會有困難的事！

這是幾年前發生的事，至今我仍以此勉勵自己，學習做個有敬業精神的人。我有一個好朋友是修車時認識的。有一天，我的電動車窗壞了，我跑了好幾家修車廠，他們都只肯幫我更換電動窗的套件，而不願意修理。我十分疑惑，只有馬達的問題，何以要把整套東西換掉呢？他們共同的答案就是「沒辦法修！」一套新的零件索價一萬一千元（當時不能換單邊，必須兩邊一起換），只因爲下雨馬達受潮不能運轉而已，況且另一邊的電動車窗並沒有壞啊！我很難接受這樣的事實。

最後我不死心的把車子開到了樹林的一家修理廠，遇到了溫文儒雅的陳慶文先生。他用手掌拍打卡住的車門，令我十分意外的，不到兩秒鐘車窗竟然可以動了！他接著拆下門板，卸下馬達，用細砂紙小心翼翼的把鏽蝕的地方磨掉，把門縫會滲水的地方逐一以膠條黏上，最後再加上黃油保養，前後花了兩個小時，保養工資五百元。修過的車窗比以前靈活，這一副電動車窗使用了三年才再度損壞。

修車時我一直蹲在他旁邊，他一邊修一邊講解，我問他爲何別家修車廠不肯修理呢？他說太麻煩了！花一、兩個小時只能賺一點點修理費，所以一般的修車廠都不是「修」，而是「換」。

我們談了一些他私人的事，才知道他是二專畢業。他告訴我有「學歷」沒什麼用，有「實力」才重要，修車是靠實力而非學歷，實力是用經驗和努力累積。他喜歡汽車修護，把每一台進廠維修的車都當成自己的車在修理，因爲只要一有不愼就可能釀成大禍。我聽了十分慚愧，對這位滿手油汙的年輕師傅起了尊敬之意，也從此和他成爲好朋友。

給年輕的朋友

這一件事給了我很大的啓示：一個敬業熱誠的人，把每一件事都盡力做到最好的態度，不論他是什麼職業，都會讓人由衷的尊敬。從那次修車起，我除了沒再換其他地方修車外，也把他的敬業精神當成老師，時刻警惕和勉勵自己。

陳慶文先生不僅修理汽車，他那專注投入的精神，也同時在教育別人。從他身上我學到了「沒有什麼是不能修」的哲學。我們常會在困難的瓶頸放棄努力，我們可以輕率拒絕耗費時間和精神的挑戰；其實我們可以一試再試，沒有什麼事是值得或不值得的，努力的過程就是對自己的肯定和成長。

修車和其他行業一樣，我們的一點點疏忽，都可能造成永難收拾的後

果。站在自己崗位上盡最大努力，相信我們會有不同的人生體會。

給父母的悄悄話

在這個功利取向的社會，父母都希望孩子是高學歷、高所得，事實上，一個人最可貴的是適才適用。孩子能有機會去做他有興趣的事，是人生最幸福的事，而有錢、有地位的人，不一定快樂，不一定有成就感。愛孩子就讓他們做自己的主人，做自己喜歡的事，這樣他們才會竭盡所能的去付出，也才有可能秀出「敬業精神」喔！

只能販賣同情的人

每一個人都該擁有不同的夢想，但大部分人都只敢許下不會落空的渺小希望。生命是很奇妙的旅程，你要什麼，它就給你什麼，你爲什麼不敢許下遠大的夢想呢？你害怕辛苦，還是怕別人嘲笑你做不到？如果你什麼都可以做到呢？

週日我難得有空，早上帶著孩子到附近的學校玩，回來時順便到市場買點東西。在大太陽底下，我遠遠就聽到一陣陣哀求聲，我往前一看，原來是一位殘障（斷了一條腿）人士坐在馬路旁賣抹布。

「頭家！頭家！拜託您！拜託您！」他拿著抹布向過往的行人懇求，沒有一個人理他。

我站在那裡看了一會，實在不忍心，便走向前問他抹布怎麼賣。「兩百，兩

百而已！」他拿著三條粗糙，不值五十元的抹布，大聲嚷著。

我特別蹲下來把兩百元遞給他，他忽而收斂起懇求的臉，迅速拿走我手中的鈔票，塞給我一疊抹布，然後把所得放入口袋的錢堆裡，冷漠得像是我不存在似的。他看我拿了抹布還不離開，便狠狠的瞪著我，我被嚇了一跳，趕緊站起來佯裝走到菜販那裡買菜，彷彿什麼事也沒發生！

我邊揀菜邊往這位殘障者方向看，他確實是一位斷腳的人，不過他頭不歪、嘴不斜，只有在叫賣時會斜嘴歪頭，發出特殊的音調。我看著幾位太太上前向他買抹布，他收錢後都擺出一副冷漠不理人的樣子，我看他看得十分入神，也十分心痛。

「這個人是我們全市場收入最高的，三條抹布，成本不到五十元他賣兩百元，下午到大街小巷去賣香，一束香，數量比別人少也賣兩百元，一天都收入上萬元！」菜攤老闆熱心的向我說明。

「眞的？一天能收入這麼多錢？」我十分驚訝的看著籃子裡的抹布，有點受欺騙的感覺。

「他是在賣『同情』，而不是在賣抹布，生意都只能做一次！」這位老闆似乎也買過抹布的說著。

我心裡想：「是啊！」下次上市場我一定不會再買這份「同情」的抹布。

給年輕的朋友

這些在車站、人行道、市場，賣口香糖、報紙、抹布、香、面紙、原子筆之類的殘障人士，我每次都帶著歡喜的心向他們買東西，每次遞錢給他們，心中都覺得自己做了一件助人的善事。

唯獨這一次花了兩百元買了不需要的抹布，心中有股陣痛。兩百元不多，但那種被欺騙的感覺十分難過，我心裡在想，如果他像其他公道的殘障人士賺取合理金錢，我相信我會持續向他買抹布，可惜的是，他賺的是

好幾倍的暴利，而且他的殘障也沒那麼嚴重。

沒有人喜歡被騙，也沒有人喜歡爬在地上苦苦哀求騙人。這個社會形形色色的人都有，需要不同的角色扮演，他該是一位出色的街頭藝人，表演「同情」的戲碼，讓我們表現愛心，但應該沒有人的夢想是販賣同情吧！我希望你的未來能賣創意、智慧、文化、美麗和服務，倘若賣同情給別人，即使有高的收入，內在的自尊仍是受苦的！現在就立下夢想，做一個有價值、未來可以服務別人的有能者！

給父母的悄悄話

由於我小時候家裡很窮，常受他人接濟，父母便教我們，這個世界有許多仰賴別人救助的人，有朝一日我們可以伸出援手，做個有能力可以幫助及服務別人的人。我鼓勵我的孩子立下志向，要做個勤於勞動又樂於服務的人。許多的貧窮不只來自疾病，更來自內在的自我放棄。一個肯求上進的人，這個開放的社會，會提供他無數的機會；但許多人不想經歷那段辛苦付出的過程，而選擇了販賣同情，甚至更有人利用自己的殘缺，把救濟當成應得的福利，假借同情來詐欺別人的財物。別因這些人而放棄我們可以幫助別人的機會，我花兩百元不是買三條抹布，也不是買一份同情，而是買一個教育孩子的機會。立定一個夢想，做一個有能力幫助別人的人！

我想做的事……

你可以對生命許下各種願望，我要成爲這樣或那樣的人，也可以要任何東西——我要住別墅、開賓士車。但你也可以要一段不一樣的經驗，不論你要什麼，只要你有決心、毅力、永不放棄，任何夢想你都可以達到。大部分的佔有都只是短暫的快樂，擁有生命經歷才是屬於你自己的恆久私藏喔！

有一天我要法院裡頭那些受觀護的孩子寫下「我最希望實現的願望」時，有七成以上的孩子都希望擁有很多用不完的錢，我問他們爲什麼？他們回答我：「錢可以買名貴轎車，錢可以買高級別墅，錢可以買高級手錶，錢可以……」

「若有無可計數的錢，你們希望最先擁有的是什麼？」我再問。

「機車！」有個十三、四歲的孩子搶先回答。

「有錢了，哪還有人騎機車！我要高級轎車，像賓士、BMW，最好是勞斯萊斯！」有一個大一點的孩子接著回答。

「爲什麼你們不想先擁有房子呢？」我再問。

「房子只是睡覺的地方，我們有或沒有，人家又看不見，車子可以到處開，有好車子人家才知道啊！」一個更大一點的孩子補充說明。

「原來你們要擁有高級汽車，是想讓人看見你們很有錢的樣子囉！」我探問這些孩子的意思。

「老師！當然銀行還要有用不完的錢，吃一碗麵給一千塊，不用找了！」一個調皮的孩子做出誇張動作引起哄堂大笑。

「凍酸（台語：小氣的意思）！一千元算什麼！若是我去酒家，用整疊的，只要查某（女人）卡水（美麗），我就會給它開（花用）下去！」有一個孩子似乎已經陷入了幻想的境界。

「老師！阿義最色！有一天他一定會得AIDS！」坐在他旁邊的朋友調侃的說著，所有人又笑成一團。

一個早上的團體輔導，大家都忘了自己的新年新希望，話題都在錢上面打

轉，我也在想：「若我有很多錢，我最希望做的事……」

給年輕的朋友

若你有很多錢，你會想做些什麼呢？

我沉思了許久，得到了答案，分享給你參考。鈔票本身並沒有任何用處，也沒有價值，唯有在它發揮交換功能時，才顯得出它的功用。我自己要以什麼去交換金錢，換來的金錢又要去交換什麼呢？年輕時的我常因沒錢而放棄許多想法，我曾立下志願一定要擁有足夠我做任何事的金錢。有段時間我為了買車子、還房屋貸款而很賣力的賺錢，然而漸漸的，我發現連想去旅遊的國家都去了，滿屋子也都是隨興買來的東西時，才開始認真的思考：什麼是我的真正需要？我現在擁有足夠買任何東西的錢，我卻很難發現自己需要的東西。我比較常花錢買特別的經驗，騎車環島、長泳、登山，如果這些也都做過了，我就不知道錢還能帶給我什麼樣的樂趣！錢唯有在它發揮功能時，才顯得出它的用處和價值。

一個人能夠佔有很多，但享有的卻很有限：不論多麼豪華的車子，一次也只能夠坐一部；多麼尊貴的飲食，也只有一個胃可以吃；再高級的房子，睡覺時也只佔了小小兩公尺平方的面積。

你需要用錢交換什麼？而你又用什麼服務換得金錢呢？

有錢該讓人羨慕的，應該是能實現別人做不到的願望，蓋醫院供窮人使用，建殘障教養院照顧病弱者，給飢餓者糧食，給窮困者溫暖的家。錢如果能發揮慈善的功能，錢就不只是個數字而已。若像前面幾位同學的對話，我們想要得到的東西，錢可以買到它們，但佔有了這些東西又能帶給我們什麼？我們一定會更快樂、更幸福，或更美滿嗎？佔有某些東西會讓我們獲得實實在在的滿足，但不是每一樣東西都可以，當中最大的關鍵在於你了解什麼是你的真正需求！

給父母的悄悄話

愛孩子就給他最好的，這不是「愛」而是「礙」，因為我們會誤導我們的孩子，可以在物質的佔有上予取予求。我們必須讓孩子了解，任何的佔有都來自時間，加上勞力、體力或腦力的付出才能換取獲得。我不輕易允諾給孩子物質上的佔有，我的孩子也習慣以自己真正的需求為限，甚少要求要買東西，反而多是要求生活中的經驗，例如一起去爬山、游泳、打球或騎車。生命的富足，來自我們要求的少，而付出的多，這可是父母送給孩子最重要的禮物喔！

真正的富有，就是讓孩子學習擁有較小的物慾，而將較大的空間和更多的時間用在生命的體驗，如此才能擁有更豐富的人生。

樂生天堂

一個人的想法決定他的命運，正面積極思考的人，處處都是樂土和天堂；負面消極思考的人，即使身處樂土也會如煉獄般的痛苦。感恩現在的擁有，它也許不如自己期待，但它是上天最好的安排，如果你能開始正面積極思考一切！

幾年前爲了寫一篇〈關懷生命〉的文章，特別邀了朋友一起到新莊樂生療養院拜訪金伯伯。金伯伯是樂生療養院棲蓮精舍的會長，和他談話的過程，給了我生命新的省思和啓示。

樂生療養院是收容痲瘋病人的地方，早期（四十多年前）預防和治療的藥物尚未發明，把得了痲瘋病的人集中收容管理避免傳染。這些已經七、八十歲的老人家，大部分都在院內住了三、四十年，院內生活所需均由政府供給。進入這裡的人，被迫離鄉背井而且不得離開院區生活，在當時而言，猶如被判入地獄一般的痛苦。

這些曾經感染疾病的人，生理上都是備受煎熬，有的臉部、四肢扭曲變形，有的因感染而失明、瘖啞，幾乎難得見到沒有殘缺的人。金伯伯告訴我們，每一個人都曾經歷一段與病魔、心魔掙扎的苦痛，他們必須擺脫「痲瘋」和「疾病」才有辦法成為眞正的「人」。那份無法和一般人共同生活的痛苦，任何人都難以理解。

這些人由於想擺脫痛苦而依靠宗教信仰，因宗教信仰讓他們從怨恨悲苦的生活超脫出來，不僅不再自我封閉、怨尤，而且因信仰關係，內心還能保持著寧靜和祥和。院內各項供給都很有限，但多數人均愛物惜福，節省之餘還捐助慈善團體回饋社會。經過幾個小時的相處，當我們要離開山上時，有一種身在天堂的感覺。山下的一切是那麼紛亂忙碌，山上卻是安靜祥和。以前從山下看到一幢幢的病房有種淒冷的神祕，現在卻覺得這是古樸溫馨的神仙居所。

得到痲瘋病是不幸的遭遇，幸運的是他們無須為生活、工作及家庭奔波忙碌，而有一個清靜的處所可以修心養性。幸運與否全在於每一個人的想法，你要選擇什麼呢？

給年輕的朋友

在我們的生命旅程中，難免有許多不幸遭遇。每個人處理不幸遭遇的態度都不相同，有人終生沉溺在痛苦的深淵，有人逃避一切，用自殺、酗酒、吸毒、狂歡來讓自己遠離苦痛的感覺，也有人移轉自己的感情投注於慈善服務，或研究自己感興趣的創作。不論我們做了什麼選擇，生命的水流都不會暫停片刻，我們沒有能力預測或阻止不幸的遭遇，但我們有絕對的能力去選擇是否要讓自己痛苦，或讓自己的生命充滿灰暗。

我的想法是，不論發生了什麼事情，我們都要勇敢的用心接受生命的

考驗，氣餒、灰心和悲傷又能改變什麼呢？光明正向積極的心，能給自己的生命帶來希望，也會帶給這個世界光和熱喔！

給父母的悄悄話

要讓孩子在生命的過程中學習勇於承擔和面對，我們先要做正確的示範，孩子才有可能學習、成長。所以不論遇到任何事情，我們一定要保持平穩的心情，慌亂、著急、抱怨和指責是無濟於事的。孩子的態度和習慣，受父母影響最大，我們可別讓孩子因我們的負面影響而墜入終生痛苦的深淵喔！

平靜處理突發危機和不如預期的事件，去思考這件事帶給我們什麼樣的機會和啓示，想法改變了，我們就可以看見生命的恩典和禮物！

負責！為自己的決定負責！

一個有責任感的人，喜歡自己該做的事，一個沒有責任感的人，才會拿沒興趣當藉口。別把該做的事，推給別人成為別人的負擔喔！

幾年前，我輔導一位國中輟學、違反麻醉藥品管制條例的女孩。第一次談話時發現她有個性倔強不受管教的特性，我花了很長的時間勸導她要謹慎交友及勿無照騎車，但她態度傲慢，一副毫不在乎的樣子。由於她身在法院，只得勉強答應遵守我要求的有關規定。

她剛離開談話室，就在樓梯間和媽媽吵起來（母女兩人正在爭奪機車鑰匙），我連忙衝了出來要制止這個女孩，她趁媽媽分心時拿到了鑰匙，就和等候在法院外的朋友騎著機車、呼嘯而去，留下淚流滿面傷心的媽媽和滿臉錯愕的觀護人。

一個孩子犯了罪來到法院，還如此囂張不受管教，這幾年來我還是第一次遇到。

一個星期之後，正當要開庭審理時，她的媽媽打電話來請假，這個女孩幾天前晚上騎機車載著朋友，過橋途中發生車禍，被載的孩子當場死亡，這個女孩馬上被送至林口長庚醫院治療，情況十分危急，隨時有生命危險。醫治了十天之後，醫生宣布她腦死，父母簽了捐贈器官的同意書，也準備料理後事，誰知道這個孩子竟又再醒過來。無奈只是一個身體醒過來，只會呼吸的植物人。

這個女孩又再活了兩年，期間她的智能最多只到三歲，無法自由行動，大部分時間都是臥床或坐輪椅。長期復健花了一筆龐大的費用，她的父母只好變賣房子支付。這兩年我每當看見她的父母，心中都十分感傷，他們頭髮白了，人也憔悴不少，爲了生計和醫藥費，賣掉房子後，勉強在大漢溪的河濱蓋了違章建築居住，生活十分艱苦。

這個女孩不僅未逐漸好轉，生理機能還日漸退化萎縮，出車禍兩年後再度陷入昏迷，一個月後因心臟衰竭而死亡。她的父母十分樂天知命的感嘆：「討債的，債討完了，人就走了！」

給年輕的朋友

父母教養我們是在還債嗎？還什麼債呢？前面所提的這位女孩，其實可以不用讓父母承受如此折磨，而她為何要這樣做呢？記得初次和她談話，她身上衣著十分光鮮，腳上卻穿了雙拖鞋，頭髮染了多種顏色，還不時的拿出梳子梳理，頭皮屑滿天飛。我問她，何以不把鞋子穿來，為什麼愛美染髮又不清洗呢？她回答我：「我高興怎樣就怎樣，有什麼不可以？」

「只要我喜歡，有什麼不可以？」我們確實有權選擇購物、染髮、衣著、抽菸、騎機車、交朋友，甚至於吸毒，這些行為表面上都沒有礙著別人，事實上，我們有權決定自己，但我們也有權給別人帶來困擾、負擔，和製造麻煩嗎？做一個有責任感的人，把自己該做的事，變成喜歡的事。全力以赴的把自己照顧好，不給父母和周遭的人製造麻煩！

給父母的悄悄話

前面那位女孩會這樣叛逆，其實和父母教養有很大關係。父母的愛不是表現在言語的嘮叨，也不是事事皆順孩子的意，假如父母整天叨唸，孩子會因情緒上的不舒服，故意不把該做的事做好喔！

父母的責任就是教養出能為自己負責和努力的孩子。在生活上，父母多聽少說，用耳、用心，也用眼去聽孩子說話，有好的親子溝通，就會讓孩子有好的情緒品質；多鼓勵少動手，對於孩子有能力做的事，父母絕對要留給孩子學習的機會，孩子喜歡在生活中勞動、喜歡服務別人，很自然的就會做一個有能力照顧自己和別人的人。父母的教養是關鍵，別把上天賜給我們的禮物白白的蹧蹋之後，還要責問為什麼要我們一再的受苦和受折磨！

堅持自己要走的路

人生的道路上有太多和我們想法不一樣的人，我們可能沒有能力改變他們，但我們一定要堅持自己認爲對的事，證明我們對自己負責。

阿美就讀高一，平常就好動外向，容易交到各類型的朋友。她面臨了一些困擾，這些朋友中有一部分是不喜歡讀書的，常向她借作業抄寫，甚至於蹺課要她掩護，她知道這樣不對，可是爲了朋友她都做了。最近這些朋友要她協助作弊和一起躲在廁所抽菸，於是她開始煩惱：「我需要朋友，但我不能做不該做的事！」

阿美因爲習慣以附和的方式取得朋友的信任，所以朋友對她的要求就更多。她一直掙扎著，這些朋友並不壞，她們也有優點和長處，只是她實在無法接受她們某些不好的習性。當她們遞香菸給她時，她沒有伸手去拿，而是鼓起了最大的

勇氣，怯生生的說了一句「不要！」這卻引起其他人的鼓譟和煽動。她藉著咳嗽聲，謊稱自己感冒不能抽菸而順勢拒絕，但下一次呢？下一次又該怎樣拒絕呢？

給年輕的朋友

在這裡我不會像許多的父母或師長一樣，告誡一些「近朱者赤，近墨者黑」、「遠離不良友伴，才能保持品性端正」的話。朋友沒有好或壞，我們一生之中會遇到許許多多、各式各樣的朋友，這些人有生活正常的，也有違反常規的，和這些人在一起，我們不論從正面或反面都能得到一些啓示。年輕人喜歡把朋友掛在嘴上，認為朋友就應「有福同享，有難同當」、「兩肋插刀，臨危不退」。你可以做只講義氣的朋友，換取別人的感動卻害了自己一輩子；也可以堅持自己要走的路，不因朋友的煽動而意氣用事。

你要的是哪一種呢？

每一個人都是獨立的個體，都應有自己的主張和意願，若我們因為害怕失去友誼或恐懼失去信賴，為了朋友而上夜店、抽菸、喝酒、嗑藥，充其量只是這些稱為朋友的傀儡罷了。當別人的要求違反我們的想法，我們要很堅持這不是自己想要的。做自己的主人，你會贏得真正的朋友！

當然拒絕可以很婉轉，我們可以試著這樣拒絕對方：「我們是好朋友，不過這些行為（如作弊、抽菸）我不喜歡。很對不起，我無法接受！」若朋友翻臉拂袖而去，那也就算了吧！這樣以自我為中心、不顧他人利益的人，最容易做出「損人利己」的事，與其日後反悔，不如早些分手。人需要朋友，更需要掌握自己。勇敢的堅持是自我肯定和成長的開始！

給父母的悄悄話

孩子交到我們不喜歡的朋友，若我們用批評、指責、限制，甚至恐嚇要孩子屈從於我們，希望孩子聽我們的話，那是不可能的事。我們可以提醒孩子，他的朋友有哪些不好的習性，但絕不能批評他的朋友。請相信我們的孩子，與這類朋友交往自有他的需要和理由。站在孩子立場，讓孩子知道父母的擔心，讓孩子為自己而做決定，孩子會在兩難中掙扎和成長喲！因為沒有朋友的孤單感覺，連大人都難以忍受，用了解、關懷的心，陪孩子一起學習「堅持走自己該走的路」。

告訴自己：辦得到！

許多事因爲你經歷過，你就會覺得那是自己做得到的，只要有決心、毅力、勇氣，加上永不放棄，如同你對自己健康的投資，每天有一定的勞動量和運動量，就是每天給自己存入一份成功的存款。

二〇〇六年爲了陪我的孩子泳渡日月潭，整個夏天我們都四處游泳，每次下水幾乎都游完一千五百公尺以上。爲了增加信心，最後幾次練習我們都游上三千五百公尺（泳渡日月潭的距離是三千三百公尺，若能游完三千五百公尺，自然就會很有信心去完成這項挑戰）。十月一日下水時，可能第一次嘗試那麼長的距離，而且是人擠人（據統計，當天超過兩萬人參加泳渡），前面的三分之一，我和孩子都不敢放開浮板。當我們放開浮板開始放鬆游泳，才了解爲什麼泳渡日月潭會吸引如此多人來參與。游完全程花了一個半小時左右，從此我們更愛上了游泳！

夏天過了，秋涼並沒有讓我萌生退意，只要有空，我都會去游泳，每次游兩千公尺。冬天來了，假如溫度仍有十幾二十度，我依然會按表操課的下水游泳。某次寒流，溫度驟降到十度以下，戶外泳池刺骨的寒風灌進來，而且池面空盪盪，一個人也沒有。正在我猶豫之際，一位女士毫不遲疑的從我身旁走過，在池畔做了暖身操，隨即跳入寒冷的游泳池，把頭埋入水裡幾次後就開始往前游。

「她不冷嗎？」

我也走到冷颼颼的戶外做起了暖身操，「她可以辦到，我也一定可以！」

下水剎那，我全身顫抖不停。我的經驗是第一輪要游快一點，讓身體熱起來，但可能游得太急，游不到五十公尺，我就喘到不行，而且游泳池的水眞的很冷，我的鼻子像要凍僵了。做了幾次呼吸調節，逐漸習慣水溫後，感覺冬天游泳眞好，只有兩個人的游泳池是那麼的寬廣潔淨。此時驟雨愈下愈大，在靜靜的水面泛起了絢麗的光影。游泳和騎一輪車或慢跑感覺很像，剛開始的興奮不久就會被身體的種種不舒服給困擾，游泳過程中，雙腳因爲用力幾乎抽筋，手指因爲沒什麼活動，感覺放不開，這讓我的腦海開始出現「算了吧！」「休息好了！」的洩氣話，而當手腳適應，頸部和頭部又忽然痛起來，這時，一些負面想法再次浮現：「太冷有礙健康」、「可能會中風」，但我始終不想半途而廢，不論任何狀況，都要和自己的決定奮戰：堅持做到出門時答應自己的允諾和預定的目標，一游到池邊，一蹬腳又游了出去，一趟又一趟，終於游完一千五百公尺的目標。

游完上岸，室內健身房的人隔著玻璃冷冷的看我一眼，沒有任何掌聲和問候，就像我完成每日騎一輪車、競走或慢跑的挑戰。每個人都有自己的目標要完成，不斷和自己的意志競爭，完成就是最大的激勵。我們的生命沒有其他的競爭者，也不會有任何有形的獎勵，最大的回饋就是在一次次的成功經驗中，堅信自己有力量：「我要做任何事！」「我一定可以辦到！」「毫無疑問的！」

給年輕的朋友

你可能不會像我這樣瘋狂，冒雨在寒夜中游泳、慢跑或騎一輪車；我並不想證明什麼，只想每天給自己的健康存一份存款。有時我也會偷懶，因為雨太大或天氣太冷等等理由未出門運動，幾次經驗之後，我覺得假如那天晚上運動量不夠，晚上總無法有良好的睡眠，因此，即使不出外運動，我也要在家裡的跑步機或仰臥起坐台上運動，或做打掃之類的家事，讓運動和勞動成為每天的習慣。

也許你會覺得整天上課或上班已經夠累了，還要做什麼運動？當你開始運動或勞動的那一刻，就等於存入一份健康活力的存款，一個人有充足的睡眠，加上適當的飲食和運動，健康就是你最大的資產，否則你擁有再多、再好的成績或金錢，沒有好的健康和活力，一切都不會是真正的擁有和享受喔！

給父母的悄悄話

你喜歡勞動和運動嗎？如果父母沒有這樣的習慣，我們就不能責怪孩子的懶散、欠缺活力！我們身心靈的健康來自每日對自己的用心投資，沒有健康的身，心和靈是不易清淨自在的。身體的健康來自我們飲食、運動和睡眠等等習慣，現代人有許多文明病，最大的癥結就是缺乏運動，只要我們開始走出家門，無論是快走、慢跑、騎腳踏車或游泳，只要每天能流一身汗，我保證你的身體會愈來愈健康。大部分人都因工作或生活，把時間和體力耗盡了，一有空就想坐、臥在舒服的沙發上，一旦養成累了就不想動的習慣，我們的體力就會愈來愈差，假日也懶得動。假如有這樣的父母，可想而知會有什麼樣的孩子！

用心投資自己，不只是知識腦力的投資，更是健康活力的投資。生活可以簡單，物質的要求可以減少，我們就容易在這個社會生活，也有更多的時間來投資自己的身體和心靈健康。生命是一條長河，我們要的愈多，我們的船就會愈來愈沉重；我們要的愈少，我們就能更輕鬆自在喔！許多東西看似重要，但佔有愈多我們難道就會愈快樂嗎？如果不會，表示那些不是我們需要的。許多事情看似無法改變，但只要你重新決定，就可以給自己新的生命喔！

一切就從投資自己的健康做起！

相信自己：從實踐中學習

一再的挫敗、一再的迷惘和誤入歧途，我們可以因此放棄努力，也可以再給自己一次機會！

明祐因多次涉案，被裁定感化教育，他要到輔育院之前，我到少年觀護所看他，要他永遠不要放棄對自己的努力。他在輔育院期間完成國中學業，繼續就讀高職補校，還奮發向上取得兩張技術士證照。我看到他長得高大結實，眼神裡充滿著信心和希望，忍不住鼓勵他：「明祐！這幾年的苦沒有白吃！你眞的長大了！」

誰知這份喜悅只有短短的兩個月，他又因和朋友結夥搶劫便利商店，而再次被收容至少年觀護所。

「老師！原諒我！請再給我一次機會！」他淚流滿面的懺悔，他告訴我都是朋友害他的，邀他吃喝玩樂，開跑車載他四處玩，又介紹女朋友給他，沒錢大夥就四處搶，他很後悔！也很想繼續讀書，希望我們能讓他離開少年觀護所。

「只要你肯上進，願意向善，輔育院或少年監獄都會給你讀書和學習一技之長的機會。機會是自己掙來的，不是別人給的！」犯錯再求別人原諒、免除處罰的人是弱者，不如一個勇於面對錯誤、從過錯中自我成長的人。有形的圍牆關不住有心向上的人，但沒有決心毅力為自己努力的人，給他再多機會和空間也是無益的。明祐這回被判五年六個月的徒刑，他在監獄裡讀完高職，假釋出獄已經成年了。由於他在未成年時觸法，依法須再找我報到，再度見面時他比之前更高大英俊。這段來時路讓他學會謙卑，不像前次出來那樣充滿自信和希望，他希望能找到工作養活自己。不斷的犯錯已使父母和親友都不再相信他，他有些懊惱的抱怨：「一個有心改過向善的人，爲什麼別人都不給他機會呢？」

「哈！哈！」我故意笑得很誇張，告訴明祐他不久又會再犯，我預測不出半年他一定會再被關進去，連同假釋撤銷的徒刑，這次會被關很久很久！

「爲什麼？」

一個只會檢討別人、祈求原諒和關心的人，是不會珍惜眼前的機會；只有立下決心、把握每一個機會努力的人，才可能在這個社會立足。明祐已經是個大人，他不認爲自己需要被教導或管束，我也不想管他或教他，如果他無法認清什

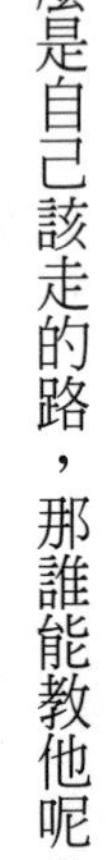

麼是自己該走的路，那誰能教他呢？

「我不會再犯罪，六個月不會！這輩子都不會！」

「我不相信你說的，我只相信你做到的！」

給年輕的朋友

你向誰要機會呢？父母、老師、主管或老闆嗎？我始終相信，機會只有自己才能給，富有或有權有勢的父母、老師的鼓勵、主管老闆的賞識，能給我們什麼機會？我相信珍惜每個機會努力的人，雖未必能在每次的耕耘中得到收穫，卻會因他的珍惜和努力，為生命創造無數的機會。明祐是否會再犯案、再次被關，沒有人能為他決定，就像你的未來沒有人能為你做決定一樣。不論你的命運、遭遇如何，努力再給自己一次機會，全力以赴、堅持到底，別讓關心自己的人一再的失望！

給父母的悄悄話

給孩子生命中最大的財富，不是存款，也不是房子，而是永遠珍惜機會去努力的習慣。這世界上有那麼多幸運的成功者，假如我們仔細觀察他們成功的過程，就知道所有的幸運都來自「努力不懈」。我們都有過很多經歷，你已經放棄了努力的熱忱，不再給自己任何機會了嗎？父母的態度決定孩子的命運，愛孩子請給他最好的示範，我想孩子終其一生都會對自己的所作所為充滿著希望、充滿著拚勁。態度決定我們的命運，再給自己一次機會吧！有什麼願望和理想，趁著孩子的成長過程一一來實踐它吧！

爲夢想加油

年輕時要有夢想的勇氣，更要有實踐夢想的決心與毅力！

翌潔是我朋友的孩子，從小就古靈精怪，有自己的想法，上了國中之後不愛唸書，我問她想做什麼，她毫不猶豫的告訴我，她要當一個美容美髮的設計師。這個志願讓她的父母氣得要死，因爲父母兩人都是大學畢業，有很好的工作和職位，而他們的孩子竟只想做美容美髮的工作，令父母十分無奈。翌潔每天花了許多時間在打扮自己，不僅染髮、戴耳環，還偷偷化妝，老師糾正她，她會很不服氣的反問老師，爲什麼當老師的可以染髮戴耳環，就不許學生愛漂亮呢？老師氣急敗壞的向媽媽告狀，媽媽也不知如何回答她，只好告訴她，學生就要有學生的樣子。

翌潔有一天遇到我，問我學生要有學生樣子是什麼意思？我告訴她，老師和父母當學生時，都不敢做學校禁止的事，而是做一個外表樸實，把心思用在功課上的人。我既不贊成也沒有反對翌潔愛化妝打扮這件事，但我更關心她如何將自己的夢想實現。

我把想法和她分享，她現在可以不把功課當一回事，但國中畢業參加基本學測，如果拿不到高一點的分數，很可能就要去讀自己不喜歡的學校。雖然都是美容美髮科，可是好的學校會有比較多上進的同學和用心教學的老師，連暑假建教實習的公司也會不一樣；她很有可能因環境的因素，只能做個三流的設計師，未來也會遇到三流的客人，自己的好技術和好構想將得不到賞識。她如果希望有天能做一流的國際級設計師，除了基本的學歷之外，最重要的是，以後有機會能和世界第一流的人才學習，未來的服務對象自然都會是第一流的客人，這份設計的工作便會做得很有尊嚴，也能做得長久。

翌潔眞的把我的話聽了進去，國中階段很少再出狀況，不久之後她考上一所頂尖高職的美容美髮科，後來又再繼續就讀技術學院，最後還到了義大利留學。她的父母再也不敢說學美容美髮的她是個沒出息的孩子，反而以她為榮，並經常在親友面前提到她冬天在美髮店打工，手指洗到皸裂還咬著牙堅持下去的工作態度，這讓父母由衷的感到心疼和敬佩。當我再遇到翌潔，她已具有氣度非凡的設計師架式，她和我的談話中，最常提到就是她比別人更認眞、更用心的投注心力在工作上。

翌潔眞的不簡單，我忍不住爲她伸出了大拇指！

「爲夢想加油！」

給年輕的朋友

你有夢想嗎？你為你的夢想付出了什麼呢？如果你真的那麼熱愛你的夢想，你就要為你的夢想做最好的規劃和最大的努力，讓你能永遠和自己的夢想為伍，為自己喜歡的事而生活。

我年輕時夢想有一天要成為一位作家，我知道想靠寫作維生是不容易的事，為了我的夢想，我發憤讀書和考試，大學考了七年，第五次才因退伍軍人加分考上大學。期間我常有放棄的念頭，這時我就問我自己：「你想做個作家的夢是假的嗎？如果不是，你為什麼不願為它做最大的付出和努力呢？」

二十幾年的歲月經過，回顧這條路，儘管有許多不如預期的遭遇，而我始終維持每天寫作的習慣。書是否能成為暢銷書，是否能有高版稅，我甚少考慮；我常把稿費和版稅全額捐出，我覺得在寫作過程中已經獲得很大的滿足。我是那麼幸運能做自己喜歡的事，而這當然要感謝支持我的出版社和讀者囉！堅持我們對夢想的熱忱，像翌潔一樣為了圓夢，吃了很多苦，認真讀書參與自己不喜歡的考試。努力堅持說服父母和老師支持自己，可別用負面的情緒毀了所有的機會喔！

給父母的悄悄話

讀書考試不是唯一的路，但絕對是一條通往夢想的捷徑，孩子有夢想，讀書考試才會成為一件有意義的事。協助孩子找到讀書的理由，我相信大部分的孩子都會像翌潔一樣為自己的夢想全力以赴。父母是重要的賞識者和啦啦隊，我們不能為孩子做決定，只能在孩子有所想法時，給予最大支持和鼓勵（即使後來會修正夢想），而孩子也會在努力的過程中，累積尋找夢想的資源。做真正想要和喜歡的事，孩子才會付出所有的熱情！

幫助孩子建立信心、毅力和勇氣，讓他做個有理想又勇於實踐的人，少了父母的支持和掌聲，他將會錯失許多的機會喔！聽孩子說他們的想法，別急著給孩子建議，多問孩子「如何才能做到？」「怎樣才可以兼顧理想和現實？」「怎樣才能讓自己長長久久做自己喜歡的事？」最後，告訴孩子「勇敢的去做吧！父母永遠支持你！」

part 4 自我管理能力

自我管理的能力是把該做的事當成喜歡的事，把自己的責任歡喜實現，讓自己快樂、也讓周遭人快樂。我們的社會有太多人因爲自我管理能力不足，吸毒、嗑藥、酗酒、飆車、輟學、失業……，最後連自己都無法面對，只好燒炭或上吊自殺。自我管理是責任，我們每個人都有義務要把自己照顧好，把屬於自己的職分做好。讀書、工作、扮演父母和孩子的角色，都和興趣無關，喜歡我們所做的事，把它們盡力做到最好，這是責任，也是我們該有的能力！

替自己點燈

為什麼有人容易受到誘惑，有人卻能心無旁鶩專心一志的學習呢？原因只有一個：我們把自己定位在哪裡。一個不負責任的人，會是社會未來的希望嗎？

幾年前我曾經輔導一個沉迷毒品無法自拔的孩子，這個孩子最後因參與教養愛心服務，受到一位重度腦性麻痺院童的感動，而發願絕不再吸毒。在這兩、三年間，他脫胎換骨般的變得成熟懂事，甚至還每月固定存下一筆錢，準備將來能夠領養那位院童。在每一個人的祝福掌聲中，他完成了補校學業，也在工作上受到很大的肯定。

但是，有一天我突然從報紙上看到一則殺人劫財的新聞，起初我不相信那個名字就是「他」，而一直以為是同名同姓的人，不過我還是打電話查證。令人震驚的，就是這個曾經大徹大悟、慈悲心腸的少年，一夜之間犯下四起騎機車以利刃殺人奪財的事件，其中一位夜行女子甚至傷重致死。

「為什麼？究竟為什麼？」我透過看守所面會的電話，重複的問他，他低頭不發一語，最後以哽咽的聲音，把那一夜朋友請他喝酒，為他隔天要入伍送行的事說出。他為了友情喝得爛醉，酒酣耳熱之際，大家把身上的毒品掏了出來，發誓吸完後絕不再吸，他只記得有人拿出了解酒藥（有可能是迷幻藥），吃了之後就不記得自己做了什麼事、筆錄上記些什麼，也不知道什麼時候被送進警察局。

「我錯了！老師我對不起您！」他哭，我也淚流滿面，他為了朋友的一份情，而再次犯下大錯，我只能安慰他，要他勇敢的面對和承擔。三個月後，他被判了七年六個月，法官採信了他喪失神智的供詞，特別給他減刑。他寫了一封信，告訴我這一百多天的省思——每一個人都是自己的主人，若一個人想要學壞，沒有人能讓他學好，但一個人想要學好，也絕對沒有人能教他學壞，從今以後他立誓要重新做自己的主人。最近他出獄了，感謝我經常寫信寄書給他，他說他會用行動證明自己找回了迷失的心，因為他一直確信自己是個有能力、未來可以給別人光和熱的人！

給年輕的朋友

許多人都把犯錯的責任推給別人，很少人像這位年輕人把責任扛起來，因為他清楚知道自己有能力可以給別人光、熱、希望和愛，他立誓當自己的主人，為自己的行為負責。而你怎樣定位自己，你期待別人如何形容你呢？了解自己的期待，明確的讓自己知道，我要成為什麼樣的人，你就能掌握好自己的腳步。或許你還不是那麼了解自己，但至少你應該確信自己一定不會做什麼事、自己厭惡什麼樣的人。我們可以不斷的從迷失中找回自己，又在找回中迷失，可是為什麼要讓自己的生命浪費在迷失之中呢？拿出一張紙，中間劃一條線，左邊寫下自己討厭的人，右邊寫下自己喜歡的人，如果你是左撇子，你就把二者位置反過來，讓自己強而有力的手，操作自己未來的方向盤，寫愈詳細你就會愈清楚自己的方向和位置，不會輕易因朋友影響或一時感情用事，毀了自己的未來！

即使不幸一時迷失了，也別因此而氣餒，每次努力找回自己的過程，就是一次學習與成長，就會更明白自己不要的是什麼。只要有毅力和決心，我們都會在各種經歷中，愈來愈清楚自己的人生目標！

給父母的悄悄話

永遠不要對孩子失望，今天他跌倒了，不會永遠都趴在地上，只要給他掌聲、關懷和機會，他會從跌倒中再度爬起來的；若不幸再跌倒了，更不要企圖放棄他，迷失方向的船，沒有父母這座燈塔的指引，如何能再度尋獲方向呢？點燃我們自己，指引孩子努力的希望和方向。生命旅途中，鮮少有人能避免迷失，而迷失又永遠找不到方向的人更是少見，再給孩子一次機會，就是點亮我們自己這盞明燈，給孩子努力向善、向上的勇氣！

學習親子互動

你可以不在乎別人的感受和想法，相對的我們就不能期待別人把我們當作一回事；我們期待別人的了解和看重，就得先學習同樣的對待別人。

小傑是高中二年級的學生，平日各項表現都穩定正常。最近常有女同學打電話到家裡，媽媽多次不放心的詢問他，小傑總是說，「班上同學嘛！」媽媽見小傑接電話時有說有笑，十分懷疑小傑交了女朋友，便在分機上偷聽小傑的電話。小傑原本並不知道，有一次媽媽在談話中無意的透露了出來，小傑非常的生氣責問媽媽何以侵犯他的隱私權，爲什麼不尊重他。母子因此吵了一架，爸爸見狀非但未予排解，還狠狠的教訓了小傑一頓。小傑心中十分不滿，從此拒絕和爸媽講話，親子關係從此每況愈下，小傑的功課也一落千丈，無心再繼續上課。

怎麼辦呢？若你是小傑，你要怎麼做才可以得到爸媽的支持和信任呢？親子衝突，受害的是整個家庭，如何才能避免這些衝突的場面呢？

給年輕的朋友

媽媽偷聽小傑的電話確實是件不對的事，但是媽媽為什麼又要做出「明知不對」的事呢？如果媽媽缺少關心和愛護，我想她是不會想多了解小傑的，就因為媽媽不放心小傑，才會違背自己的認知而偷聽小傑的電話。

若小傑能用同等了解的心去和媽媽談話：「媽媽，妳因為不放心才聽我的電話嗎？」媽媽一定會說：「是。」這時我們可以告訴媽媽，她辛苦的教養我，現在我已經長大了，不會做出辜負父母的事，請她放心。

若媽媽仍不改變方式，還要偷聽，教你一個妙招，每次你講完電話，和同學或朋友說再見時，別忘了提醒你的朋友和同學向你媽媽說聲：「某某媽媽再見囉！」保證在電話線上的媽媽一定會很不好意思喔！可別做無謂的抗爭，拿自己的功課和前途當作情緒的祭品。爸媽擔心的是交男女朋友會影響功課，如果能讓爸媽安心，就多用點心把自己的功課搞定吧！

最重要的，可別拿父母犯的錯誤來懲罰自己，別讓自己每天都和情緒垃圾為伍喔！

給父母的悄悄話

「禁止」、「限制」、「擔心」……等負面的情緒，都會造成孩子的反抗，若父母能用「了解」代替「質疑」，能用「關心」代替「干擾」，能用「協助」代替「指責」，相信我們的孩子會和我們很「麻吉」喔！

孩子長大了，對異性有交往接觸的需求，是多麼值得慶祝的事。孩子發育健全，而且身心很健康，性徵發展沒問題，接下來是如何讓孩子了解「喜歡和愛」、「朋友和男女朋友、夫妻」間是有很大不同，讓孩子知道性趨力和愛是有距離的，讓孩子能妥善的處理自己的性衝動，不會因甜言蜜語沖昏了頭。男女朋友相處時的生理衝動，會讓人想要時時刻刻黏在一起，但這並不表示彼此適合未來共同生活。怎樣保持適當的距離，多給自己一些選擇的機會，用這樣的角度和孩子分享，可能會比擔心和監控來得更有效。

化衝突爲轉機

和別人想法感受不同，是多麼正常的事，但夫妻、親子間，出差錯的空間是很少的喔！接納和妥協是需要學習才會熟練的！

小明十六歲、國中三年級，媽媽的口頭禪就是：「快去讀書，聯考要到了，你要好好用功，爸媽辛苦了一輩子，就是希望你有好前途！」「讀書是讀你的，爸媽也得不到好處！你要知道我們小時候……」天啊！爲什麼每次都是同樣的台詞呢？小明最慣用的回應就是：「煩！」然後轉身甩門離開現場。

這一天小明在客廳打電玩，爸媽跟客人從外面進來，媽媽還來不及放下東西，就開始放錄音帶：「聯考快到了！快去讀書……」小明看到有客人，那句煩只輕輕的吐露，然後聲響很大的收東西，招呼也不打就起身準備進房間。

爸爸斥責小明，要小明和客人打聲招呼。小明看一眼點個頭，一臉不高興的就轉身回房間，讓爸媽十分難堪。客人走了，爸爸氣憤的責備小明沒禮貌，小明也很不高興的說：「我的朋友來我們家，你們就有禮貌了？」爸爸提高了聲調：「你交的是什麼爛朋友，帶來家裡做什麼，打電動！看漫畫！」小明也很不服氣的頂嘴：「我的朋友是爛朋友？至少他們不抽菸！不喝酒！」

你來我往不斷的升高衝突，最後爸爸氣炸了，拿了皮帶就亂揮亂抽，小明也毫不示弱的抓了掃把，兩人在客廳演出全武行，媽媽只能在一旁又吼又叫的制止父子戰爭，最後爸爸氣急敗壞的要趕小明出去，小明也毫不猶豫的離家出走。

給年輕的朋友

看了這樣的故事，心真像壓了一塊石頭，我們會想：何必為了芝麻綠豆般的小事演變成這樣呢？

這是典型的衝突劇場，相信每個家庭都曾上演過類似的劇情。媽媽的嘮叨、爸爸的強硬、孩子的頑抗，誰錯了？其實三個人都沒錯，只是在傳達期待別人要怎樣應對和回應的訊息時，給了對方很大的壓迫感。若我們能把指著別人的手指轉向自己：不再要求別人，而只是要求自己，一切衝突都將化解。

如果小明不滿媽媽重複的「放錄音帶」，回應的不是「煩！」而是「媽媽，妳重複提到讀書、考試的事，是不是因為擔心我不夠用功、考不上好學校？」或者也可以這樣說：「媽媽！妳重複在提同樣一件事，影響了我的情緒，這樣會影響我的讀書品質喔！」

了解對方的感受，並把自己內心的想法「具體明確」的陳述出來，親子之間不良的互動情況將減至最低。人與人之間是互動的，我們若對別人有著不良的回應，對方也會加倍的回應過來；要制止惡性循環，只有從我們自己的善意回應做起，多多感謝別人的看重和關心！

給父母的悄悄話

「話多不如話少，話少不如話好！」沒有一個人會喜歡嘮嘮叨叨、重複話題的父母。我們很擔心孩子不讀書，必須把擔心的事「具體明確」的說出來，例如，「小明，你看了一個小時的電視，你可不可以回房讀書，你若繼續看電視，這樣會影響你的功課，也會讓讓媽媽擔心！」

謝謝孩子給我們提醒的機會，孩子也才會感謝父母的關心喔！理性的溝通是個理想，學習給自己撰寫一本好的親子溝通劇本，用慣用的語言模式，謝謝孩子的諒解和尊重。不以命令、指示、囉哩囉嗦的方式，才能改變孩子的態度。

父母改變自己，才有可能停止家庭鬧劇；孩子要成長，父母也不能拒絕成長喔！

尊重是種習慣

台灣的社會有愈來愈粗暴的傾向，很少人會關心別人的想法和感受，只在乎自己的想法並為所欲為。沒有彼此尊重，受害的一定是我們自己；我們改變不了別人，至少可以從自己開始，讓自己養成尊重別人的習慣。

現在的社會都很強調「尊重」，我曾和許多人談過這樣的主題，大家對尊重的定義不盡相同，我想以下面這個故事，和大家一起思考什麼是「尊重」。

有一天我到一位親戚家拜訪，他有三個孩子，一見到我就很高興的吵著要我陪他們玩遊戲。因為他們想玩各自的遊戲，都需要一位對手，便為了我該陪誰先玩而吵了起來。我看情況太過紛亂，只好由我自己訂一個遊戲規則，我說：

「你們三個之中，誰對我最尊重，我就跟誰玩。」

「叔叔！拜託嘛！請跟我玩！」最小的一個說了。

「這是撒嬌不是尊重！」我說。

「『對不起』！叔叔，『請』您跟我玩，『謝謝』您！」老二接著說。

「這雖然很有禮貌，請、謝謝、對不起都說了，我覺得還是沒有被尊重！」我說。

「叔叔！請你陪我玩好不好？」老大怯生生的接著說。

「對了！這樣說我就覺得有被尊重了。」我說。

「抗議！抗議！不陪我們玩就算了，哥哥說的內容還不是一樣！」老二、老三不服的提出異議。

「先別走好不好，讓我解釋爲什麼哥哥的話是有尊重別人的意思。因爲他讓別人決定『好』或『不好』，請、謝謝、對不起，雖然有禮貌，但在對方還沒決定前就要聽我們的，所以不夠尊重。」我再補充說明。

老二、老三嘟著嘴，似乎很難接受這樣的結論。

「這樣好了，讓我來設計一下遊戲方式，由你們來決定好不好？」

「好！」三個人難得意見出現一致！

給年輕的朋友

許多人會認為「尊重」是放低姿態委曲求全，給對方裁量的空間，事實上，這也是給自己留下一條退路，當別人拒絕時，我們不會感到難堪。問別人「好不好？」不只是口頭上，而是由衷的把決定權交給對方；我們期望對方答的是「好」，但當別人說「不好」時，我們也要欣然接受。

在目前社會上常聽到親子、師生、民意代表等等常發生言語和肢體的衝突，追究原因，就是以自我為中心，要別人接受和配合，當別人不接受，就提高音調，甚至於大打出手，因此發生衝突後，雙方都會受很大的傷害。所以，尊重別人有不同於自己的看法和決定，也是對自己的尊重。

這只是個習慣，有這樣的好習慣，我們就不會給自己製造人際溝通的路障喔！

給父母的悄悄話

父母人際互動的習慣，會給孩子很大的影響。要教養出一個具有民主風範，能尊重別人意見的孩子，最重要的方法是父母在日常生活中就應當尊重孩子，給他們裁量的空間。任何事都非絕對的，怎樣不違反自己的需求，又能讓對方接受，這是溝通談判的能力。妥協和委曲求全不同，妥協是雙贏，委曲求全只是一時的和平。學習多贏的思維，我們才容易爭取到較大的生存空間和機會；再者，被尊重、讓他自己做決定的孩子，才會為自己負責，盡最大的努力！

許一條光明路

生命是一條不斷選擇的路，我們可以一再誤入歧途，給自己和家人找盡麻煩，但我們也可以給自己一條光明的路。正途通常都是辛苦的，一分耕耘，一分收穫；歧途剛開始都是享樂的，享樂之後卻要賠上許多人生機會，帶來難以估計的痛苦。什麼是我們要的呢？做一個能爲自己決定負責的人！

文欣國中畢業就未再升學，在泡沫紅茶店及便利商店打工時，認識了一群吸食安非他命的朋友，自己也因好奇吸食了幾次，被警察抓到之後，送到法院收容了一個月，裁定保護管束。她曾多次向執行的觀護人保證，絕不再吸毒，可是每兩、三個月就再犯一件吸食案件，法官都因她深知懺悔，而多次給予機會。

最近她又因和持有海洛因的朋友，一起涉嫌吸食和販賣毒品，被收容了兩個月。她爸爸愛女心切，四處張羅十萬元保證金，將她交保。她一到觀護人室，和前幾次一樣，一把鼻涕一把眼淚的保證，她會遠離這些壞朋友，絕不再犯法，希望觀護人能協助她找工作。觀護人透過熱心人士協助，幫她找到一份店員工作，約好面試時間，然而她卻爽約，隔不到一週又在自家樓下，被警方跟監查獲與朋友共同持有毒品。

再度被收容的她，透過家長、書信不斷的表示自己是無辜的，不知朋友攜帶毒品，希望觀護人、法官不要放棄她，再給她一次機會。連同這次，她所犯的罪行總共七次之多，其中五次，法官都被她那副誠懇的外表和滿臉的淚痕所感動，從輕處分外，還有兩次是起訴後被判無罪。這一次，她不僅涉嫌違反麻醉藥品案件，還連帶多次涉及嚴重的菸毒案件，過去幸運之神一再伸出援手，這次恐怕很難了了！滿滿的前科紀錄，如何讓人相信她是受朋友牽連，是無辜的呢？

給年輕的朋友

「年輕」有犯錯的本錢，「年輕」有許多可以原諒的理由，但犯錯若不知悔改，給再多原諒的機會又有何用呢？文欣從吸食麻醉藥品，到持有海洛因、販賣毒品，每原諒一次，她犯的罪名就加重一層。也許她有無數的藉口和伎倆可說服法官，而她若不知覺悟，逃過這一劫，還有下一難呢！

做錯事了，我們常希望別人原諒我們，給我們機會；我們是否也能問問自己，可否給自己一次機會？今日不覺醒，明日仍在懊悔之中，何不讓自己做個有尊嚴的人，從此謹言慎行不再犯錯呢？

我認識一個朋友，他不相信毒品只要碰一次就終生難以戒除，於是基於好奇心吸食了毒品，沒想到就這樣沉迷於毒品十餘年，一份很好的工作及家庭都毀了；你也可以嘗試看看，但必須要先了解可能付出的代價是什麼，等走錯路再來悔改，所付出的成本是難以估計的喔！

給父母的悄悄話

「寬容的對待孩子！」「不要用聖賢的標準要求孩子！」然則寬容並非縱容，不用聖賢的標準，亦非讓孩子連為人處事的基本規範都沒有。若孩子漠視團體的規範和別人的權益，父母的愛和尊重就會讓孩子是非不分喔！

孩子犯錯要就事論事，把我們身為人母或人父的觀點提供給孩子參考，最後把省思和決定留給孩子，讓孩子在生活中不斷的接受歷練。犯什麼錯並不重要，犯錯之後做對了什麼事，才是真正重要的。

三千元的機車

我們常認爲自己只需對自己負責，但我們一旦闖了禍，受苦的不僅是自己，也是我們的家人。我們過的不是個人生活而是團體生活，一個人的錯誤可能危害整個社會和全世界。看重自己，爲自己負責，就是做對的事、好的事。

阿明是高職一年級的學生，因學校離家較遠，每天早上都必須換兩班公車，人多車少每天都像擠沙丁魚，加上塞車，經常都得花一個半到兩個小時的通勤時間。上學期阿明忍耐的挨過了，下學期看到有同學騎機車上學，阿明剛開始是試探性的抱怨每天擠車之苦，希望父母能體諒他而買機車代步，後來發現父母總是敷衍的要他多忍耐，「別人能擠公車，爲什麼我們不能擠呢？」

這是父母的想法，阿明的想法是別人能騎機車，爲什麼我不能騎呢？沒駕照就騎慢一點，看到警察只要閃快一點，不就沒事了。危險？哪樣事情不危險，走路都有人被掉下來的招牌壓死；馬路上那麼多人在騎機車，哪能避免掉危險啊！阿明無法說服父母，開始用行動表達抗議，剛開始是缺課，慢慢的就表明若父母不買機車，他就不去上課，無奈這些動作都未能奏效，阿明的心情可說跌入谷底。

在一個偶然的機會，同學有部車要轉手，三千元就可以，阿明湊了錢把車騎回家，也不管車子的來源，有沒有行照。第一個禮拜阿明確實很過癮，不僅騎車上學，晚上還與同學相邀夜遊。不過好景不常，阿明被警察逮著了，不只是無照騎車，還涉嫌收受贓車，最後移送法辦！

阿明被交保之後，把責任全歸在父母不肯買機車給他，阿明的父母也莫可奈何，和阿明約法三章，在只能騎乘上下課、要戴安全帽、要遵守交通規定……的條件下，買了機車給阿明，阿明似乎因禍得福贏了這場機車爭奪戰，但未來會發生什麼事，誰也無法預料！

給年輕的朋友

如果我是阿明，我想我也會要求父母買機車，因為帥氣又便利嘛！但是，買機車的背後卻要承擔很大的風險。在法律上無照騎車是違法的，若不慎肇事，除加重刑責外，在交通事故鑑定上，無駕照違法駕（騎）車是重大過失，被撞傷或被撞死，無法獲得任何法律保障。在民事責任上，無照的一方必定理虧，目前法院的裁判賠償金額少則數十萬，多則數百萬元。

機車是很好的交通工具，而不是玩具，我們有無數個理由去要求父母買機車給我們，若我們沒有駕照，那父母同意我們騎機車，肇事了，父母要負上嚴重的民、刑事過失責任。父母被起訴或判刑的目前已有數宗案例，我們何其忍心因一時之便，為難父母甚至陷父母入罪呢？

有駕照的朋友，也應珍惜自己的生命和別人行的權益，可別把馬路當成特技場。善用機車這種便利的交通工具，它可是用安全換取的喔！

給父母的悄悄話

若我們是阿明的父母，相信我們會有同樣的無奈。父母的職責是「教」和「養」，孩子不讀書，影響的是他自己的前途，我們若因孩子的抗爭而軟化了堅持，同意孩子騎機車，我們有可能在孩子發生不幸時，還得被起訴判刑，後果不堪設想。沒有駕照絕不可駕（騎）車，這是不能退讓的原則。

其實，這些道理孩子都懂，只是孩子習慣用哭、用鬧、用不讀書來要脅父母就範。父母可以用溫和的態度，讓孩子了解什麼是對的事，什麼是錯的事，若我們不堅持，我們就是是非不分的父母，就失了父母的職責！

不過我們也無須用嚴峻強硬的態度去拒絕孩子。了解孩子內心的感受和需求，用同理心陪他走這一段未滿十八歲的青澀歲月吧！

做自己的朋友

我們可以大聲的抱怨，這個世界上沒有人了解我們，我們沒有一個眞正的朋友，但我們卻不能說我們不了解自己，不是自己的朋友。試著做自己的朋友，就會有人懂得我們，做我們的朋友喔！

假日的早上，我正在對保護管束中的孩子上課，突然有一個化了濃妝的男孩走入了教室，我十分驚訝的暫停了上課，因爲我一時認不出這個孩子是不是我的學生，但我又感覺到這張打了粉底，塗了眼影、口紅的臉有些熟悉。當他看到我專注的盯著他，似乎洞悉了我的疑惑，拿起報到卡對我說：「在這裡報到嗎？」

我接過卡片看了上面的名字，「江文傑？你是江文傑？」這個男孩嘻皮笑臉的點頭，我心頭一陣不愉快。三個月沒報到，查訪通知都不來，來了竟把自己弄成這副德行。其他三、四十個孩子議論紛紛，有人竊竊私語爭辯這個男孩是同性戀還是性變態。我沉默了片刻，決定等上完課再來處理。

課上完了，我也一一和正常報到的孩子談完了話，整個教室就剩下我和這個男孩遙遙相對。他仍繼續俯首寫他的資料，我一邊走近他，一邊在想，該如何處理這件事才好呢？我走到他身旁時，他收斂起笑容，一臉防衛的表情。

「老師！你要說我化妝是性變態是不是？」

我沉默看著他，不知該回答什麼。

「老師，你們這些都是舊時代的人了，現在去『夜店』，沒化妝會被認爲沒禮貌！」他一副自以爲是的神氣模樣。

「是嗎？」我眞的有些驚訝和疑惑，我沒去過「夜店」，也無從判斷是或不是。

「化不化妝是你的事，我只是覺得你的妝化得很用心，但顏色用得不夠好！」

他疑惑的瞪眼看我，期望我繼續說。

「你很瘦，眼影要用淺的顏色，腮紅的塗抹要配合臉型，口紅若能不用紫色，耳環能夠改用小款式，染髮顏色……」我不厭其煩的徹底描述了我的感覺。

「老師，少來『暗傷』，有話你就直說吧！」這個孩子很不耐煩的拉長了臉。

「別急！別急！觀護人不管你要不要化妝，如果你很在意我的感覺，下次請換個牌子的香水，免得我鼻子過敏！」我仍然面不改色的陳述我的感受。

這個孩子像洩了氣的皮球，俯首繼續完成他的作業。

給年輕的朋友

這個男孩為什麼要化妝呢？後來在談話中才知道，他從小成績不好，不被老師同學看重，最近又因為父母要離婚，整天打打鬧鬧，忽略他的存在。他十分無奈，也沒人注意到他，為了排解內心的苦悶，只好以奇裝異服來引起別人的注意。這其實是很正常的反應，只是在自己臉上塗塗抹抹兩、三個小時，若沒遇到有心了解他那化妝背後祕密的人，而被大部分人誤認為是心理變態、作怪耍寶，豈不把事情和情緒愈弄愈複雜呢！

學習和自己溝通，和自己做朋友，才容易把心中的話和感受，透過適當的方式和別人交流互動。人和人之間的互動是一件很困難的事，尤其是們想把深沉的感受或想法和別人分享時，有些感覺很難用言語直接的表達，甚至在表達中，我們的想法常會被誤解。人際之間的互動，大多只能說些應酬話，如果要說出內心的話，必須要主動和信任別人，更重要的是，我們要清楚自己到底想要表達什麼，免得旁生枝節，製造更多人際互動的障礙喔！

給父母的悄悄話

當我們看到孩子把褲子剪個洞、頭髮染成別的顏色、戴個耳環、穿個鼻洞舌洞的，放輕鬆點想，孩子或許沒什麼特別的想法，只是見到有人這樣做，他們也好奇的去試試而已。在輔導實務上，這些孩子都有明顯的外在特徵，而且被愛、被賞識和被看重的機會通常比較少。孩子的內心裡一直會有被注意、被關心的渴望，當他們有足夠的被愛經驗，很少有人會喜歡在自己身體上動手腳和搞怪。

所以，孩子特異的行為，未必是新潮、流行或愛作怪，孩子或許是在傳達一些內在的訊息——他期待被親近、看重和關心。了解孩子的「作怪」只是一個期盼溝通的訊息，責備、嘲諷和羞辱都是無益的，平時就應該多了解孩子的想法，多給孩子表達意見的機會，多給孩子適切的關懷，可別等孩子做了不如我們期待的事，才注意孩子的存在喔！

遠離失樂園

每一個人或多或少，都有各種不同的貪念。看好我們的心，不拿取不屬於自己的東西，不做不該做的事，我們會得到一個難得的回報，就是內在的安寧。

我國小低年級時的住家離學校有五、六公里遠，往返要花上一、兩個小時，有時還會調皮的繞走山路。有一天放學，和幾個住在附近的鄰居，一邊玩耍一邊走，有人提議到他親戚家摘番石榴，大家異口同聲的贊同。

我們五、六個人便鑽進竹林圍住的果園，幾十顆芭樂掉滿地，都熟透了，濃烈的香氣讓我們沉醉其中，我們靈活的在芭樂樹上攀過來、盪過去，甚至拿著咬了一口的芭樂打來打去。我還把芭樂塞滿了口袋，此時突然有一隻大手把我從樹上抓了下來，我抬頭看見一張陌生憤怒的臉，讓我嚇得講不出話。機靈的同伴大喊「趕快跑！」所有人四處逃竄，我這才醒悟過來，原來我們是小偷，而我正是倒楣被抓到的那一個。果園主人拿了一條草繩把我手腳綁起來，像吊豬一般的掛在樹枝上，然後問我住哪裡？父母是誰？其他的小孩叫什麼名字？我不斷的辯解是阿義約我們來採的，後來才知道阿義親戚的果園，還在好遠的地方呢。

後來果園主人丟下我就離開了，山間的寧靜令我十分恐懼，我不斷的掙扎和喊叫都無人回應。時間過得很慢，手腳被綁得又麻又痛，遠遠傳來了主人和媽媽的聲音，我心中哭叫著，等到我看到媽媽，內心便升起了另一層恐懼。平日慈愛的母親，頭髮散亂、又吼又叫的和果園的園主在搶一把柴刀，原來我的媽媽無法接受孩子當小偷的事實，準備一刀把我劈死在樹上！

給年輕的朋友

柴刀最後雖是被果園園主搶下，回家還是難免一頓毒打，然而直到現

在我仍清晰記得的，不是被懲罰的痛，而是媽媽那張既傷心又絕望的臉。

成長過程每當我有惡行惡念時，媽媽那張臉就會浮現在我眼前，令我不敢輕舉妄動。犯錯會給父母帶來許多煩惱，所以我們犯錯時記得要及時反省。我常和法院的孩子說：「犯錯之後，要記住父母那張因我們犯錯而憂心、痛苦的臉，若能謹記在心，我們便不會再犯同樣的錯誤！」

給父母的悄悄話

每個人都會犯錯，但要如何讓孩子從犯錯中成長呢？言語責備、肢體懲罰，都非上策，讓孩子知道父母的感受，並牢牢記住父母那張難過、失望的臉，是很好的方法。孩子犯錯時，我們也要去體會孩子內心的恐懼和看清孩子祈求原諒的臉，若能如此，我確信親子都會因犯錯而彼此成長。

part 5 自我實現

生命是夢想不斷實現的過程，你希望自己成爲這樣的人或那樣的人，希望自己擁有這個東西或那樣東西，或是希望自己的生命有一個非凡的經驗。不論你想要什麼，追逐實現夢想的過程一定會豐富我們的生命。結果是過程的一部分，不要因結果和自己預期的有所出入而氣餒難過。帶著希望的努力過程，就是最美好的經驗，給自己絕不放棄實現夢想的勇氣和毅力！

看重自己的優勢能力

這個世界沒有人在乎我們不會什麼，大家在乎的是我們會什麼而且能奉獻什麼給世界。

有一次我去台中演講，有一位老師和我分享了一個發人深省的故事：

台中有個鄉下國小，十幾年前畢業的一個學生回來找他的老師，這位老師已經五十多歲即將退休，教過的學生不計其數，一時也想不起這個學生過去在學校的情形，於是他就問這位學生：「你是哪一屆畢業的？」

「第七屆。」

「第七屆？今年畢業的是二十三屆，已經過十六年了！」老師還是想不起來。

「老師！以前人家都叫我猴子，很會爬樹、爬高，有一次爬到二樓頂，沒辦法下來，是老師您叫『救火車』用雲梯把我救下來的！」

「我記得了！你不愛讀書，畢業時才勉強會寫自己的名字，其他的功課好像都不會。你現在做什麼事業？」

「老師！我在做建築。」

「生活還好嗎？」老師露出了悲憫和關懷，心想一個在學校什麼都學不會的人，要如何在社會上立足呢？

「老師！謝謝您的關心，我現在過得很好，每個月都有三、四十萬的收入。」

「三、四十萬！你在做什麼？」老師十分懷疑的看著這個學生。

「老師，我專門在做鋼骨大廈，是接連鋼骨結構的工人。」

「做工人可以一個月賺三、四十萬？」

「因爲敢爬上二、三十層樓高不會怕的人不多，再加上能把鉚釘打得快又穩的人很少，有點技術所以薪水就比較高。」這位學生有些得意的陳述他的工作。

「了不起！了不起！老師以前只會看學生成績，這樣好像是錯了啊！像你只爬高、打鉚釘，一個月就三、四十萬，你做一個月，老師可要工作一年啊！」

給年輕的朋友

我們常會憂慮「不會」什麼，而甚少注意到我「會」哪些事。前面的故事告訴我們，一個人會爬高，懂得把鉚釘鎚得準又穩，一個月就能有三、四十萬的收入。這裡不是以金錢論英雄，而是想與你分享——能發揮自己長處和潛能的人，不僅會獲得社會肯定，更是利人利己。

你究竟會什麼呢？致力於自己的優勢能力，甚至看重自己的感官功能和操作上的能力，它就會成為一項別人難以超越的專業，有人因味覺敏銳，成為食品公司的食品研究專家；有人因嗅覺獨特，成為能分辨香水的等級和精油的好壞的香水師；有人因擅長組裝模型，最後成為國際級的模型公司老闆；我的學生擁有撞球及調酒專長，贏得了無數獎項，還以此為職業。

你會什麼呢？別小看自己，給自己一次成功機會，繼續努力，讓會的事物成為一項專業能力，保證你不僅未來不怕找不到工作，而且還能找到一個令人羨慕的工作喔！

給父母的悄悄話

在這個社會上，文憑、學歷看似滿重要的，但有了這些文憑、學歷，我們的孩子未必能有所成就；更重要的是，我們的孩子願意為自己而努力。努力的過程就是一種自我肯定與實現，給我們的孩子多一些支持、賞識和掌聲，他的未來有什麼可能性，可是沒有人能夠預料的喔！

給孩子一次自我展現的機會，天才就是「會」別人「不會」的，可別小看我們的孩子，或許他有機會在這個世界發光，成為世界的希望喔！

專業來自一再的練習

這是一個要求專業服務的時代，薪資所得的多寡將由對事務的熟練程度來決定。練習！練習！再練習！把一件普通簡單的事，練習到成爲能夠行走全世界而無礙的技能。

從小我對陶瓷充滿了好奇，常疑惑軟軟的泥土爲什麼經過火燒的過程，就能成爲堅硬的器物呢？幾年前我報名參加陶藝課程，對於陶的製作和燒成有了初步的認識，後來進一步學習拉坯，讓我有更深一層的認識。

有一天，偶然參觀鶯歌陶瓷工作室「蘭陵坊」，看到有別於一般商品的造型和用釉，在深入了解的過程中，認識了蕭昌永和蕭巨昌兩位老師，也因此有很好的機會從頭開始學習拉坯。每週兩次我利用下班後的時間，獲得兩位老師的免費教導，每次大概三、四個小時，從定中心、推土到成型，前後學了九個月，雖然，我因個人工作關係中止了學習，但這九個月的時間，對我的一生有很大的助益。

學習任何一門技術絕沒有速成的，都需要不斷的以時間去換取。儘管我沒有完全學習到這門技術的精髓，但九個月下來不斷做同樣的拉坯動作，給了我很大的成長。再者，兩位老師爲了理想而工作，生活雖不富裕，卻非常充實。他們給我許多啓示：工作若只因爲謀生，容易充滿無奈，若工作之中，又能兼顧理想，那生活的每一天將充滿了希望。鶯歌的大街小巷充斥了衆多陶瓷商品，「蘭陵坊」和少數堅持創作、自我實現的工作室，他們的作品在這些商品中是與衆不同的，一眼就能吸引住遊客的眼光和腳步，因爲這些作品孕含生命和感情。

給年輕的朋友

你有過夢想嗎？曾經想得到什麼嗎？有就勇敢的去追求。追求的過程要投注大量的時間和心力，而且最後很有可能一無所獲，但努力的過程會帶給我們意想不到的成長。

讓喜歡的事成為一種專業能力，一直是我努力的目標。「人生多滋味」，勇於嘗試、努力和堅持下去的人，生命都不會虛度的。曾經流下的汗水會滋潤每一個耕耘腳印，會長出鮮綠的作物。空想也要過一生，何不給自己一個機會，擁有屬於自己專業的一片天空呢？

吉他輕彈、彩筆塗繪都可能經由努力過程而成為別人不會的特殊技能，我甚至看過耍方巾的世界級大師，一條小塊的布，在他的手上靈活轉動，並從各地表演廳的串場表演中，贏得如雷的掌聲，也滿足了他四處旅行的夢想。技能未經過長久練習，是不能拿來作為謀生工具的。只要苦心的練習再練習，有朝一日，普通常見的能力都可以成為耀眼的明珠，贏得掌聲和財富。

但喜歡的事也未必要成為職業，一個人除了工作之外，另有自己可努力的空間。一項獨特的能力和專長，會增長生命深度並且自我成長，你除了自身的專業外，可以再努力讓自己擁有「第二專長」喔！

給父母的悄悄話

許多人可能很不以為然，國中、高中時就應將心力全放在課本上，考上好大學再好好去玩。人不是機械，多少父母因為擔心孩子的課業，埋沒了他們的天分，而又有多少父母曾是製造孩子精神疾病的黑手呢！

考上好學校並不保障能有好前途，讓孩子擁有一、兩項興趣，讓孩子一生充實和快樂，留些空間讓孩子去築夢，有夢、有希望才能擁有彩色的人生喔！父母可要扮演好啦啦隊的角色，別進場干擾選手和自己的比賽喲！

無價的禮物

百貨公司或大賣場，甚至電視購物、網路商城，隨時都有看不完的東西，因此許多人把時間耗費在購買各種東西上。如果我們不知道什麼是自己眞正需要的，就會讓無用的東西塞滿我們的生命；如果我們知道自己要的是什麼，就會讓生命擁有美好的經驗，而不是一堆價格昂貴的東西。

有一年的母親節前夕，爲了買禮物我帶著全家去逛百貨公司，禮物沒買成，卻被進口的學生用品展所吸引。我看到一個縫製精巧的書包，十分的喜歡，翻看一下價格，「一千元！」我驚訝的說了一聲：「好貴喲！」

「大近視！你少算了一個零！」我太太再看一眼然後告訴我。

「怎麼可能？」我又回頭再去看了一次。

「眞的，一個一萬元！日本皇太子用的吧！」我驚訝的說。

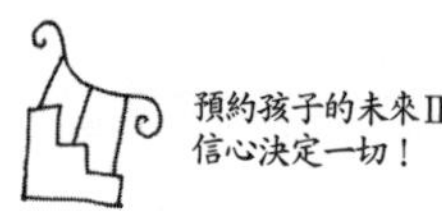

「先生！這個書包只進口五個，已經賣了四個，只剩下這最後機會囉！」服務的小姐看我們很有興趣，趕緊爲我們介紹。

「買一個給你兒子，愛孩子就該給孩子最好的！」我太太在離開時開玩笑的說著。

「嗯，別害我們的兒子了，揹這種書包，不用三天沒被綁架，也會被恐嚇取財！」我嚴肅的說著。

回家路上我們便不斷的討論著，被勒索和恐嚇取財的學生特徵——經常身上帶很多錢，使用高級名牌的文具、衣服或鞋子，成績好，但他們驕傲自以爲是，常在言語間炫耀家中的財富和父母開的車子，常進出的大飯店和餐廳……

「唉！有錢人的孩子，也有可憐的地方！」我太太感慨的表示。

我想這不是錢惹的禍，而是這些有錢的父母，把心力都花在賺錢上，就以爲錢是一切的幸福。沒有錢可能不容易有幸福，然而錢卻不一定買得到幸福，這些父母把愛用錯地方了。我們最後放棄買禮物送給媽媽，我想媽媽需要的是我們常回家陪伴，而不是一些用不上的禮物。

給年輕的朋友

你曾經要求父母買手機或是機車嗎？我們常會以同學都有，別人的父母都可以，為什麼我就沒有、就不可以……等理由要脅父母就範。但是，難道別人有，我們就不能沒有嗎？

在人生的旅途中，我們擁有別人所擁有的一切，經常出入高級餐館、開高級轎車、住豪宅、穿名牌衣物、用最新的手機和電腦，然則，有了這些我們就一定快樂了嗎？

快樂才是生命中最美好的存款，如果只能用生命中辛苦賺來的錢換取短暫的快樂，我們就要重新思考：怎樣才能恆久享用生命中美好的經驗。許多令人懷念的經驗都是不用花錢的，例如全家人一起坐著愉快的聊心事，和朋友痛快的打一場球，靜靜的享受一個人獨處，臥在草地上看天看

雲，迎著風讓自己接受春夏秋冬不同季節的洗禮。生活中有太多美好而免費的經驗喔！路旁水溝蓋縫冒出來的一株植物，或是陽台偶爾停留的小麻雀或小蝴蝶，都是美麗的驚喜喔！

給父母的悄悄話

你的品味和嗜好，決定孩子的需求傾向，若期待孩子未來過簡單容易的生活，就不該把生命浪費在許多東西的維護上。我選擇住老舊的公寓，選擇一部不需太多負擔的車子，吃自己煮的健康食物，休閒都傾向爬山、騎自行車、游泳這些不花什麼錢的活動。花費很簡單，生活自然不需為了賺錢而佔用自己太多的時間，所以，多陪陪家人和做自己想做的事，讓自己的生命更加豐富精采！

和好習慣做朋友

染上不好的習慣沒有任何藉口，戒除不良習慣只有一個理由：愛你自己，要讓自己重獲自由。

當我從職校畢業，準備第三次大學聯考，在補習班補習的時候，認識了許多會抽菸的同學，下了課就聚在陽台抽菸。最初他們請我抽菸，我都拒絕，後來嘗試吸一口，把菸呑到肚子裡，菸竟然不見了！一直到聯考前一、兩個月，心情十分焦慮不安，因爲再考不上大學就要去當兵了，煩悶得不得了，於是香菸一根接著一根，很自然的呑雲吐霧起來。

抽菸並沒有讓我快樂似神仙，反而讓我頭腦昏沉，但我卻迷上了呑雲吐霧的感覺。當初都是抱著好玩的心理，常向同學要菸抽，每天抽一、兩根，久而久之

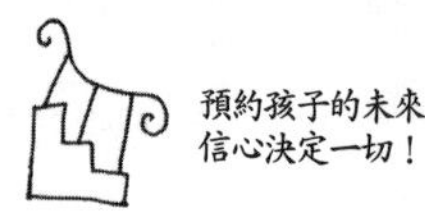

也覺得不好意思，就自己買菸請別人。剛開始都是瞞著家人，後來家人知道了，我也就大大方方的抽了起來，一抽就抽了十年。

這十年中，大概戒了幾十次菸，每次都是一、兩個星期，甚至只有幾天。抽菸的這段歲月，所交往的清一色都是會抽菸的朋友，抽的菸一個牌子換過一個牌子，也由於朋友的影響吃過檳榔。很慶幸朋友之中沒有人吸毒，否則很有可能也會好奇的去吸毒，現在想起來心裡還覺得慶幸和感恩。

給年輕的朋友

你抽菸嗎？我已經有將近二十年未再抽菸，會戒菸的動機，是不想讓這長僅十公分的菸捲控制我的自由，也不想再讓我周遭的親友吸二手菸。我們無權傷害自己，更沒有理由傷害別人（孫越先生的戒菸座右銘），而

且，我也體會到「戒」這個字不是限制我們的自由、給我們痛苦，而是會讓我們身心更加自由自在。如「戒菸」就是不讓菸來控制我們，「戒毒」就是遠離毒害。口說道理比身體力行來得容易，真正讓我戒菸的關鍵是轉換到新的工作環境，遠離了抽菸的友伴。朋友太重要了，長期和抽菸的人來往，總有一天會抽菸；要「戒」只有一個方法，遠離這些會抽菸的人。不要怕沒有朋友，當我們不抽菸了，自然就會認識一群不抽菸的朋友。

給父母的悄悄話

孩子有了抽菸的不良習慣，不要只是責備、限制，因為孩子若無心戒菸，我們說什麼都是毫無用處的。把抽菸的決定權交給孩子，我們只要明確的告訴孩子，父母不喜歡菸味，希望孩子能不在家裡抽菸。假使孩子能夠配合，再動之以情，希望孩子為了自己健康，能少抽菸，我確信孩子被尊重後，也會學習如何尊重別人。

了解孩子究竟染上不良習慣的原因是什麼，抽菸的人未必要的就是尼古丁帶來的快感，有時是朋友影響，有時是為了舒緩一下心情，讓自己好過些。試著去和抽菸的人談談，在一吸一吐中，他們的腦海裡在想什麼呢？你會有些意外，大大的深吸一口氣，長長的把它吐出來，不需要菸也會滿舒服的，同時我們也能多了解，人是需要一些學習，和自己起伏不定的情緒為伍。抽菸有著一段深層無言的內在對話，只有懂自己的人才有機會接近孩子的心喔！

品格決定最終的成敗

這個社會似乎只要結果，少有人關心過程和手段，但最終的勝負由品格決定。你是要贏得一時的勝利，還是最後的勝利呢？

我在國中時非常厭惡上英文課，老師幾乎每次上課都要考試，不滿六十分就要處罰。剛開始總是硬記強背，但總是效果不彰，每堂課前二十分鐘幾乎像在上體育課，不是伏地挺身，就是青蛙跳。由於每次受罰的都是我們這幾個，常被未受罰的同學揶揄，受到這樣二度懲罰，我內心十分的不滿和氣憤。

後來，才在無意中發現眞正用功的同學沒幾個，包括前幾名的同學都是作弊。他們把要考的單字用無水的原子筆刻在課桌上，抄在紙片上，或用針刻在原子筆桿上。爲了避免再受處罰，我也發明了一些作弊方法，漸漸的被罰的次數就減少很多。可是一到段考那可就慘了，範圍那麼大，很難靠作弊拿到分數，考前我都會極度緊張，背的東西會記不起來，只能把它們刻在書桌上或墊板上，雖有幾次驚險的經驗，然而都幸運的讓我逃過了被抓到的命運。

直到參加高中（職）、五專聯考，我才深切的體會到，英文這一科除了二十六個字母，我幾乎不認識幾個單字。上了高職害怕被留級，我也如法炮製，但心裡總是掙扎著「要」與「不要」，最後都以「過了眼前這一次再說吧！」的心態一再的作弊，尤其是遇到監考「放水」的老師，許多同學都說不作弊的是異類，當然，我也作了弊！

給年輕的朋友

我不知道你是否有作弊的經驗，作弊有太多理由，在這裡我想說的不是「作弊有損人格！請大家告訴大家別再作弊了！」我只想以自己的經歷

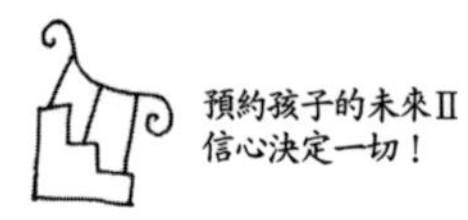

說明，作弊時內心的掙扎、緊張、罪惡感，甚至於強烈的壓力，都會讓自己彷彿踏進崩潰邊緣。重新思考我們的作為，人做任何事都有兩種選擇，一是腳踏實地，一是投機取巧；我曾經腳踏實地，也曾經投機取巧。

在升高職二年級時，因為英文只有六十分險些被當，我體悟到作弊得來的東西，不僅不實在，而且對取巧得到的東西一點喜悅都沒有。因此我立下了決心，好好的去準備考試，不受作弊同學的影響。不久之後，我發現我克服了障礙，不論考了幾分，都能在考完之後，把失去的分數找回來（知道自己哪裡不會而好好的用功）。

後來，我下了最大的決心，務必要腳踏實地。可別認為離開學校不用考試，自然可以不用作弊，在這個功利社會中，我們可以違法一時取得利益，但難以揮去的是存在於內心的不安與痛苦，這將會是一種長時間的懲罰。我們可別贏了有形的利益，而失去了真誠面對自己的機會。

給父母的悄悄話

孩子會作弊有時和父母的期望有關，成績高低代表什麼呢？靠作弊得到的分數，一定會在聯考上加倍賠掉。放下我們的期許和擔心，在現今教育環境下，關鍵的考試只有基本學測和大學聯考，其他的考試都只是練習，分數只意味著孩子學會多少。別誤導孩子只要贏得眼前的分數，而失去未來真正要拿的分數喔！

成績考得好不好都應該給努力以赴的孩子一些掌聲，因為他寧可挨罵，也不願用不實的成績來欺騙我們。即使孩子的成績是作弊拿到的，也請不要生氣，孩子大有可能是為了博得我們的歡心才這麼做的。如何教導孩子，別因一時的取巧，讓自己的人格留下污點。教導孩子正確的觀念可是我們父母的責任喔！

如何搞定性衝動？

不論男人或女人，性的需求是不可忽視和抹滅的趨力。學習用社會期待的行為滿足我們的性需求，讓性成爲我們的朋友，成爲實踐夢想過程的伴侶，不要因「性衝動」而毀掉我們人生所有的努力喔！

傑米是國三的學生，有一天媽媽無意中在他的枕頭底下發現三片色情光碟，傑米的媽媽把這件事告訴了爸爸。隔天爸媽用嚴厲的口吻斥責傑米：「不知上進！」指著電腦播放出來的做愛鏡頭，要傑米好好反省：「這些東西給了你什麼好處？除了讓你胡思亂想以外，又有什麼用呢？」

傑米漲紅著臉，連頭都不敢抬起來。平日雖有些小叛逆，遇到不滿或不服的事會據理力爭，可是這件事，讓他連一句抗辯的話也講不出來。爸爸當著他的面把借來的光碟剪得粉碎，並洋洋灑灑說了一大堆訓勉和期望的話。平常傑米一定會頂嘴，因為實在聽得很厭煩，而這次傑米只得任父母你一句我一句的數落，直到他們言盡詞窮，才道貌岸然的要傑米離開。

傑米氣餒極了！心想自己眞是淫亂、卑賤、心術不正嗎？

給年輕的朋友

放輕鬆！我不會像傑米的父母那樣的唸「道德經」。一個青春期的男孩或女孩，由於生理的發展，對異性會本能的想親近和產生好奇，但男、女不同，男孩子重感官刺激，喜歡用視覺或聽覺來滿足慾望；女孩子則重感覺，喜歡營造氣氛來抒發內心被愛及愛人的渴求。男歡女愛是人類的本能，所以，傑米會想看色情光碟，是很自然的。每一個成長中的青少年，甚至於成年人都會想看這些裸體和做愛畫面，所以，有這些慾望不需要有任何罪惡感或不道德的想法。

可是這並不意味我們一想要就可以隨時做這件事，私下關起房門，又能注意到生理衛生，音量又不致讓門外的人聽到（戴上耳機），用DIY的方式來滿足自己的性衝動，這是正常而且健康的。一個男孩子每週有兩到三次性需求的高峰，看了褪去衣服或穿得清涼的辣妹，容易受感官刺激而有性衝動。一個沒有結婚的人，看色情光碟「幻想」再加上「自慰」得到性衝動的宣洩，讓自己能有一顆平靜的心繼續努力自己該做的事，而不是因性的衝動，使得自己的心智被性所侵佔，甚至因此做出傷人害己的事，我確信這是一般父母可以接受的模式。

如果你的父母觀念保守，就讓他們看一看我寫的書吧。一個男孩每兩、三天就會有一次性衝動的高峰，與其痛苦的掙扎，不如給你一個可以紓解的合理管道。一個男孩擺平這件事，才能夠專注在該做的事情上！

給父母的悄悄話

孩子做出不如我們意的事，或做了一些令我們擔心的事，若搬出大聖大賢的格言加以訓勉，也沒有什麼不可以，但是，我們一定不能忘了——我們在孩子這個年齡也是如此成長的。千萬別把上一代對我們不合理的教育方式，再拿來殘害我們的孩子。孩子對性有興趣，表示他長大了，用歡喜的心陪孩子走這一段人生最艱澀的路吧！

在我的觀點，與其讓孩子自己摸索，還不如父母告訴他們性衝動的緣由及如何紓解性衝動，別讓孩子在罪惡、惶恐的黑暗中摸索，更別讓孩子因性衝動做了錯事，才注意到他已經長大了喔！

如何搞定性趨力？

努力實現夢想的過程，不要以爲只要專心一志，努力以赴就可以了，我們會受生理、心理的影響而產生對異性的渴望和需求，並且很容易受其打擾；兩性互動是生物的本能，很難用理性抗拒，我們要了解，注意力隨時都受性趨力影響，更別忘了自己此時此刻最重要的任務喔！

純英十七歲，高中二年級，在一次校際辯論賽中認識了他校的國強。國強偶爾會打電話到家裡，純英的父母只勸導她要以課業爲重，未加阻撓，等到父母發現純英功課退步，便嚴厲限制純英接聽任何男孩子的電話，甚至在電話中譴責國強不知上進。純英和國強原本只是看得順眼的朋友，由於父母的阻撓，反而加深思念和情誼。父母的強硬措施不僅未使純英功課好轉，還因此一落千丈，親子之間開始了長期的冷戰，父母蠻橫不講理的態度，令純英痛苦不堪；純英的消沉和無言的抗議，令父母憂心不已。雙方該怎麼做才對呢？

給年輕的朋友

兩性間的趨力，強度超乎我們的想像和控制範圍，你是否也有類似的經驗呢？若你的父母也是如此，你是否會和純英一樣的消沉和痛苦，而忘了自己在這個年齡和這個角色最重要的任務呢？

父母往往會過度想像和擔心，因為他們很清楚自己的經驗。男女朋友間的愛情就像酒一樣，會讓人喝醉了都不自覺。父母的擔心也不是沒有道理，怎樣才能讓父母的需求和男女朋友間的趨力取得平衡呢？「了解父母的擔心」是很重要的關鍵，父母擔心什麼呢？我們的課業、前途是父母關心的焦點，讓父母知道，我們確實了解他們的感受，也把我們內心的想法說出來，給自己一個明確的感情發展底限，讓我們可以顧及功課，又能讓自己在男女交往上多些經驗。不過這不容易，酒只要喝上第一口，沒喝醉的人是很少的喔！學習做一個有理智的人吧！淺嘗愛情的滋味，也讓時間訓練出好酒品！

給父母的悄悄話

不管孩子是國中或高中，想和異性交往，我們應該要很高興，表示我們的孩子發育正常，已經逐漸成熟，即將成為大人。所以，對孩子交往男女朋友這件事，我們就應改變方式，「禁止」和「限制」只會得到反效果。站在孩子立場，協助孩子在交友過程中取得正面的想法，避免負面的影響。正確表達我們的想法是很重要的，把孩子交往男女朋友的具體事實（如電話很多、約會晚歸、成績退步）明確的陳述，再把這些事實的「影響」和我們的「感受」講出來，就事論事才能讓孩子體諒父母的立場，讓親子關係在這場男女互動過程中得到雙贏喔！

做時間的主人

有太多事會讓我們分心，一天二十四小時，我們所能決定的時間已經很有限，可別把時間一直用在沒有效益的事喔！成功與失敗的抉擇就在於，到底我們的時間用在重要的事，還是無關緊要的事。

小華今年十四歲、國中二年級，沉迷於漫畫書，父母剛開始用勸導的方式，但小華並未改善，依然把大部分零用錢花在租書上。父母氣憤極了，不再給小華零用錢，小華十分不滿，倔強的表示，他自己會想辦法去賺錢，每天下課之後就到學校附近的飲食店幫忙，每小時六十元，每天工作兩小時，一百二十元不僅足夠租漫畫，還夠買其他零食。

從此小華逐漸晚歸，對父母的詢問都厲聲相應，他覺得父母再也無法控制他了，父母一氣之下，用言語刺激小華：「有辦法就自己供自己生活，不要依賴父母啊！」

小華索性幾天都窩在同學家，讓父母四處找尋不到，最後連學校也不去了！

親子戰爭裡，誰是贏家呢？

小華贏了嗎？

給年輕的朋友

看漫畫書實在不是什麼大不了的事，我們認為父母常會小題大作，把影響功課之類的話掛在嘴邊。我們心裡會想，好看的漫畫沒看完，或網路遊戲玩到一半，要做功課還真難呢。

但我們盤算一天的時間，你會發現我們看漫畫、看電視或玩電腦遊戲的時間，可不是一下子喔！

時間是個資源，而且是最寶貴的資源，你把它用在什麼地方，它就會有不同結果；年輕時對功課的投資，往往可以終生受用，如此穩健獲利的事，我們有什麼理由不全力以赴，而把時間浪費在一些沒有效益的事呢？

在這裡並非建議我們不要看漫畫，而是我們要懂得規劃休閒和讀書的作息時間。每天五點回到家，十一點左右就寢，六個小時扣除掉用餐沐浴的時間，最少還有四小時可以規劃。要好好妥善分配這些時間，能兼顧該做的功課，又不失去自己的娛樂。

把時間分配好，製成表格貼在書桌前，每天都能自我約束，讓父母安心，也才能保有自己想擁有的空間和時間喔！更別把時間浪費在無謂的意氣之爭，否則親子之間一定會兩敗俱傷的！

給父母的悄悄話

希望孩子有好的未來是父母共同的心願，但用權威的方式管教和控制絕對不會有好的結果。讓孩子學習為自己負責，把一天該做的事，列成一張表，完成的做上記號，每天都有效利用時間，才不至於要犧牲睡眠時間喔！

假如父母把大部分時間用在打牌或看電視，我們就不能責怪孩子不懂得善用時間。陪孩子一起學習成長，看一看孩子的漫畫書或玩一玩孩子的遊戲，都是父母該做的功課喔！

現代的父母要和孩子同步成長，就必須接觸孩子的世界，這樣才能了解孩子的思維模式，親子間的關係才不致脫節。對父母而言，孩子的事就是重要的事，要把時間保留給他們喔！

決定自己的命運

命運由自己決定！許多人不相信自己，他們相信風水、紫微斗數、星座和流年。我們可以決定自己的一切遭遇和機會，我們也可以選擇要向下沉淪或向上提升！

文強是我認識多年的朋友，他的成長過程一路順利，知名大學畢業，有不錯的工作，家庭美滿育有一子一女，既不抽菸又不喝酒。我認識他的時候，他是個意氣風發、充滿著企圖心，要做這個要做那個的人，但也曾聽說每隔一段期間他會沉迷於柏青哥（電動玩具），好幾次在幾天內把整個月的薪水全餵給了機器。

大部分的親友都不知道這件事，直到最近一次朋友聚會，我們發現他的太太十分憔悴、憂鬱，私底下詢問她究竟發生了什麼事，只見她哭泣、甚至憤怒的陳述著，文強現在雖然沒有沉迷柏青哥，反而沉迷在網路虛擬遊戲。一個三十幾歲

YOUWIN

人因而失業，可是爲什麼他都不能覺醒呢？

有一天，我特別找了一個合適的機會拜訪文強，他痛苦的道出這幾年來接觸柏青哥和網路遊戲的經過。剛開始是因爲工作壓力大，藉著柏青哥和網路遊戲紓解壓力，後來很難理解的是，只要有時間，他就會忍不住的走進柏青哥店或網咖。從前是柏青哥店的鋼珠撞擊聲音吸引著他，現在則是從快速閃動的虛擬遊戲中，不斷累積的積分讓他覺得自己的存在。他只要一連線就覺得有精神，一下線就覺得睏，只想睡覺什麼事也不想做！我很疑惑，一個三十幾歲的人，何以會如此缺乏自我控制的能力呢？就在我看著文強的臉時，驚訝的發現他是多麼的沒有光彩和精神，一個美好的家庭和生活也就這樣被他毀了。

他抱怨這個社會讓他懷才不遇，沒有發展的機會，工作讓他覺得自己像部機器，家庭則讓他累得像一條狗。他不想再過著被生活重擔壓得喘不過氣的生活，他不想再工作，希望自己能擁有自由和享受。他懷念學生時代的生活，靠著自己的聰明和用功，獲得師長和同儕的掌聲。現在他看著當年不如自己的同學個個事業有成，就覺得懊惱！文強可能很久沒有找人談心，他一股腦的把記憶裡忿忿不

平的情緒垃圾全倒了出來，最後問我有什麼建議？

我告訴他雖然一個十三歲的人和三十歲的人問題不同，但三十歲的你卻有能力決定自己的一切！你想要什麼就必須在時間的土壤裡種下什麼種子，再進行相關的耕耘；一分努力，一分收穫，沒有人可以例外。他可以繼續沉淪，到最後連自己都厭惡自己；也可以重新開始，給自己一個機會，過自己期待的生活。

文強開始認真的思考，不再用他的口頭禪「我知道！」「我懂！」「我會做不用擔心！」「這是我的事，我會爲自己負責！」搪塞一切。我看著他，並緊緊握著他的手，讓自己重新回到一個充滿希望的軌道上吧！

給年輕的朋友

你可能會認為未來是那麼難以確定，如果能預先知道努力可以得到預想的結果，我們一定會努力。成功為什麼看起來如此的不明確？努力萬一什麼也沒得到，那為什麼要努力呢？而事實上未來會給持續努力的人公平和明確的應得報酬，一切結果都由我們自己做決定！

你想要什麼樣的生活，就在此時此刻做這樣的努力，一直到你要的結果出現，可是文強，自己放棄了努力，毀掉自己所有的一切，才要重新開始。他需要更多的決心、毅力來付出，但我相信一個人什麼時候開始播種耕耘，就在那個時候開始掌握自己的命運！

給父母的悄悄話

這是一個很特殊的例子嗎？也許一般人的生命不像文強大起大落，然而很少人有決心毅力去實踐自己的夢想，大部分的人會給自己許多藉口和

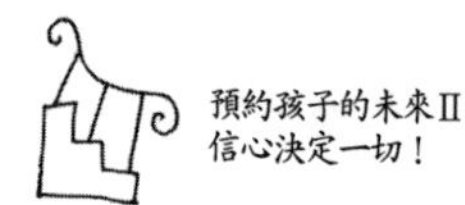

說詞。如果我們真的那麼看重自己的夢想，是不會輕易放棄努力的。每一個人都應該在生命的旅程中，一次比一次清楚自己要的是什麼。如果父母自己都不明白努力的方向，我們又如何能期待孩子能抗拒誘惑而不迷失自己呢？

愛是讓家庭的每個人都擁有希望和動力的泉源，我們可別走錯了方向，把時間虛擲在無關的應酬和追逐與愛無關的名和利。生活可以平凡簡單，但愛卻不能是只有節日才出現的大餐，它應該是每天都有的生命主食喔！用愛讓孩子的生命充滿持續努力的動力和希望！

part 6 做世界的禮物

每一個生命都是上天賜給這個世界的禮物，在醜惡的包裝紙裡，有人看見了恩典和祝福，在華麗的外衣裡，有人卻製造了垃圾和仇恨。上天讓每一個堅持努力不懈的人，擁有美妙的禮物；看重自己所擁有的一切，盡最大努力讓生命發光發熱，你就會發現任何的遭遇都有背後的原因，而且都是上天最好的安排！

蠟燭的精神

在這個時代，誰能有機會服務別人，就有機會成就自己，誰能樂於服務別人，誰就會得到更多成就的機會。

當我還在中央警官學校（現改制爲中央警察大學）就讀時，我們的師長都習慣說：「警察是人民的保母，我們要學習蠟燭的精神，燃燒自己照亮別人！」聽到這些話，我們都會不平的說：「爲什麼要我們當蠟燭？爲什麼不是燃燒別人，照亮我們呢？」

年輕的時候，想到的都是自己能得到什麼，而甚少想到自己能付出什麼。經由我輔導而就業的孩子，有一些工作散漫，會讓老闆傷透腦筋。當我找來這些孩子和他們談話，他們幾乎都會告訴我：

「我努力工作爲老闆賺錢，我得到什麼？」

「領一樣的薪水，爲什麼要我多付出呢？」

「老闆賺了錢自己可以享受，我少做就是多賺。」

這些孩子的共同特徵就是經常換工作，不是受不了老闆的氣，就是遲到、曠職太多，自己不好意思再去上班。

「多做多得，少做少失」，這是證嚴法師說的話，多付出表面上好像自己吃虧，但多做的過程就能多學習。勤於勞動的工作態度，不僅會受到上司和同事的喜愛，還會在人際之間受到很多支持和肯定，更重要的是我們會「多做多得」，得的是豐富生命中的經歷，得的是我們會擁有一顆積極寬廣的心。相反的，我們若處處斤斤計較，吝惜付出勞力，不僅得到的少，也會因此給自己帶來麻煩和煩惱。

年輕的時候，精神足、體力夠，若我們不善用這些優點，等時間過去了，沒學到好的技術，也未與人結好緣，可以預見年紀稍長，處處碰壁、不受人歡迎，是何等可悲的事。

給年輕的朋友

蠟燭的精神，不應是犧牲奉獻，而是照亮別人的同時也照亮自己。一支蠟燭若沒有芯，或有芯未點著，生命也一樣會流逝；但一根點燃的蠟燭，儘管燃燒了自己，在照亮別人的同時也照亮了自己。在工作上盡最大的努力付出，深刻的感受自己的成長，也是收穫最多的人。一個人不能只是奉獻自己，犧牲自己也要服務別人。蠟燭會愈燒愈短，付出並能夠用心學習，就像在蠟燭上不斷的填蠟加油，火會愈燒愈旺而不虞匱乏。

我們工作是為老闆賺錢，但何嘗不是為自己賺錢。我們努力工作，老闆可以穩定的經營公司，如此一來，我們除了可以長期有工作做，也可以有很好的發展空間。所以我們不是為老闆工作，而是為自己工作；讀書時的努力，也不是為了老師或父母，而是為了給自己一個美好的未來。

給父母的悄悄話

孩子的許多觀念和想法，是承襲父母而來的，所以一定要調適好我們的身心，讓孩子的未來多一些學習機會。勞動時多歡喜、少怨尤，孩子在平和的環境中生活，遇事就能夠多「善解」和「包容」，也會去思考——在生活中有機會服務別人是莫大的榮幸！

「服務別人才能成就自己！」我們為自己而努力，為自己而服務別人，這看似自私，卻是最真實的過程喔！

眞金不怕火煉，純棉不畏風寒

每個人都是天才，只是天才的地方不一樣。看清楚自己擁有什麼樣的特質，適合放在什麼位置，做什麼樣的服務，我們就可以成就自己，成爲自己和這個世界的一份禮物。

有一個故事雖然簡單，但給了我莫大的啓示。我時時提醒自己，不需要去做別人認爲有價値和有用的人，只要努力做適合自己的事，並且竭盡發揮自己的潛能，就會成爲這個世界的禮物。

從前有兩個商人，一個賣金子，一個賣棉花。

有人來買金子，賣金子的商人爲了證明自己的東西是眞金不怕火煉，於是把金子丟到火裡燒。

賣棉花的商人趁別人不注意時，把金子藏在棉花裡包裹起來，燒熱的金子引

燃了棉花，把棉花燒得一乾二淨，貪心的商人非但沒得到金子，還損失了自己的棉花。（見佛經故事《百喻經》）

這則故事，我小時候聽說後便印象深刻，長大之後再讀，感覺又有所不同。小時候常引此警惕自己不能貪心，否則「偷雞不著蝕把米」；長大後的看法是，上天賦予每一個人獨特的潛能和長處，一個人若只貪求別人的好，而不積極去努力發掘自己，終究連自己所擁有的長處和特質都會喪失了。

「金子」和「棉花」在世俗的標準上雖有貴賤之別，但各自有著實用上的好處。金子不能代替棉花在寒天中保暖，棉花也無法代替金子在火中受鍾煉，金子、棉花都能在不同領域中利益人群。所以，不論我們的本質是「金」還是「棉」，都要看重自己，讓自己發揮應有的效能。

給年輕的朋友

我們常注意哪幾所學校是名校，哪些科系是熱門科系，但我們很少注意自己究竟是金子還是棉花。了解自己最大的優勢能力是什麼，如何發揮自己的長處，讓自己成為自己的資產，這是新時代的新思維喔！

不要拿自己和別人做比較，為什麼別人擁有的，我們卻沒有；每個人都是唯一，都是不能比較的。自己擁有哪些特質，適合做什麼事，都需要時間去試探和了解，如果我們一窩蜂的盲目追求世俗標準，而忽略了自己的特質，可能就會像故事中說的，得不到別人的金子，也把自己的優勢能力給毀了喔！

給父母的悄悄話

隔壁的小華、樓下的小英，一個成績好、一個人漂亮，我們家的小寶人雖不漂亮，功課也不好，卻是我們的寶喔！若我們要拿孩子跟別人比較，孩子也會拿父母跟別人的父母比較，比來比去會輸了志氣喔！看重家裡的這個寶，適時的給他掌聲和賞識，激勵他為自己做最大的努力，他的優勢能力就會在努力過程中不斷的顯現，最後獲得嚮往的結果。

身為父母若常在孩子面前提到別人的功課好，表現如何的優異，輕輕的話語可能會重重壓傷孩子的心。賞識孩子的特質，讓孩子能把自己的特質轉換成服務別人的能力，我們的孩子不僅能在這個世界立足，還會拓展出屬於自己的一片天空！

幫助別人，就是利益自己

這是個自私自利的世界，許多人都只顧自己的溫飽，而不顧別人是否飢餓。若改變我們的思維習慣，凡事能先想到別人及服務別人，就會在人際互動中產生許多意想不到的利益！

家父已往生多年，他生前在一次家庭聚會時講了一則寓言故事，我至今仍記憶猶新。

有人問上帝，何以天堂裡的天使們都是那麼的豐滿而且有精神，但在地獄裡的魔鬼卻都是瘦骨如柴，是不是上帝不公平，只把東西給天使們吃，而不給魔鬼呢？

上帝微笑著說，我之所以能受人敬仰，就是做事公平，沒有絲毫偏心，我對天堂和地獄的人都是一樣的對待，我是一視同仁的看待我的子民。午餐時刻到了，上帝帶著大家參觀天堂和地獄用餐的情形。首先參觀地獄，吃飯時，魔鬼的左手都被綁在身體後面，只能單手用一個長勺子去舀放在遠處的飯食，只見魔鬼爭先恐後的想把東西送進自己嘴裡，由於勺子很長，根本搆不到嘴，每當快要吃到時，東西就從勺子裡掉了出來，最後連一口也吃不到。看到這樣的情景，參觀的人就向上帝抗議，這種方式叫這些人如何吃到東西！

接著上帝帶著參觀的人來到了天堂。天堂吃飯的方式和地獄一樣，每一個人的左手被綁在身體後面，也都必須單手用相同的長勺子舀飯來吃，然而天堂和地獄的場景不同的是，天使會先把食物送到別人嘴裡，讓別人吃飽，再讓別人用同樣的方式輪流吃飯。天使不像自私的魔鬼，只想塡飽自己的肚子而最後什麼都吃不到。由於互助合作，天堂裡的天使每天都能飽餐一頓，個個精神豐潤；不懂得互相幫助的魔鬼，可以想像他們終將是身形憔悴、永遠不會解決任何問題的頑固分子。

給年輕的朋友

這是一則發人深省的寓言。現今社會，每個人都只在乎自己的成績是否贏過別人，自己工作績效是否比別人好，為了利益你爭我奪，彼此無法相互信任的結果，可能得到一時的好處，卻會失去長遠的友誼。自私自利是這個社會的普遍現象，若我們凡事以服務別人為優先，相信會得到別人最真誠的回應，而人生的路也會少些障礙、多些祝福！

搭乘電梯時主動服務別人，禮讓別人先行；無論認識或不認識，禮貌性的給對方微笑和問候。主動協助別人的困難，盡力站在別人的立場設想；受人幫助要牢記在心，期待能有回報的時候。養成這樣的習慣會讓我們的生命花開處處，也會得到貴人相助喔！

當服務成為習慣，我們可能會比平常多做一些事，但我們仍要保持喜悅而溫暖的心。不論什麼事，都如天使一樣，散播快樂和希望給別人喔！

給父母的悄悄話

天下的父母都期望自己的孩子能夠出人頭地。憑著天資而有成就的時代已經過去了，目前是一個群策群力、共同成就的世界，如何讓我們的孩子懂得分享、服務和成就別人，以眾人的最大利益做思考，以方便別人的需要為優先選擇。唯有不自私自利，我們的孩子才會走出不一樣的路。

人際關係是每個人的重要資產，一個讓人喜歡及信任的人，才能實現自己的理想；只會自我封閉、自私自利的人，會讓自己的視野愈來愈小，路愈走愈窄喔！教導孩子從服務勞動中培養樂趣，勤於勞動、享受服務的人，才會在人際互動中，讓困難的事情變得容易解決喔！

感恩推手

環境不能決定一個人的命運，唯有想法才會。一個永遠珍惜和感恩的人，處處都會有貴人相助；一個只會抱怨和不滿的人，處處都會有荊棘和障礙。人的命運由自己的想法決定！

俊豪是我幾年前輔導的個案，俊豪的爸媽身體上都有一些殘障，每次俊豪報到都是他爸爸騎著殘障專用機車載他來的。他爸爸的腳萎縮得很嚴重，無法像一般人站立行走，必須用拿兩個小木塊靠滑板支力滑行，他的動作熟練敏捷，一點都沒影響他的行動。父子一出現就會引起別人的注意，俊豪常走在他爸爸背後一大步，不想讓人知道那個不能用腳走路的人是他的爸爸。在我輔導他時，他也故意把頭別向一邊，不想看到爸爸。他的爸爸始終沒有責怪他，還為他說好話：

「因爲爸爸沒有腳，媽媽是聽不見的聾子，孩子難免會自卑，有錯都是父母的錯！」

我聽了十分的難過。有一次我去家庭訪問，發現俊豪有一個貼心的妹妹，從不以爸媽的殘障爲恥，一有機會就會介紹別人認識她的爸媽。我印象很深刻的是，家訪時她告訴我一些爸媽克服生活困難的小故事：爸爸因爲無法站起來，爲了方便拿取高處的東西，自己發明了伸縮自如的勾子和夾子；媽媽雖然聽不見，但她細心努力的學會讀別人的唇和觀察別人的臉色，溝通上不會有太大的困難。她告訴我，這樣的爸媽是她生命中最重要的財富，他們雖然有身心障礙，卻能靠著自己的能力賺錢照顧家庭，在這個社會上立足，而她身心都健全，只要努力一定會有更好的機會和前途。

在一旁的哥哥俊豪就不是這樣想的，他認爲爸媽不應該活在這個世界上，更不應該結婚生小孩，造成他常被人取笑嘲弄的痛苦。他和妹妹的看法完全不同，妹妹要一輩子守著爸媽，因爲他們是一座無形的寶庫；而俊豪只要有能力，就要遠離這個家，不再回來，也不想再看到令他心痛的家和爸媽。

事隔多年，我很好奇這對看法不同的兄妹，最後有什麼發展？

偶然的機會我又去拜訪俊豪的家，得知俊豪國中畢業之後，藉故要到外面找工作而搬離家裡，爸媽只能在他出事的時候才有機會見到他。這幾年他一再的走在犯罪邊緣，一再的出入監獄，一再的抱怨和仇恨，至今快三十歲了，仍然一事無成。相反的，妹妹自知家中資源有限，爸媽未來需要她的照顧，國中畢業爲了減輕爸媽的負擔而就讀補校，最後還半工半讀的讀完了技術學院。由於她的努力給予自己許多上進的機會，畢業之後她考進了公家機關，職務的待遇雖不高，卻是一份穩定的工作，能就近照顧父母。她因生命中有這樣特別的爸媽和家庭而深感富足。

家人共同的遺憾就是俊豪，他們仍期待他回到這個家，找回他自己該走的路。返家的路上，我一再的思考，什麼是幸運、什麼是不幸呢？同樣的家庭，爲什麼會造就不同的命運呢？

給年輕的朋友

你不會希望自己的命運就像俊豪一樣，但是我們若不能在生活中養成珍惜所有、感恩一切的習慣，我們的福分遲早會被自己用光喔！

沒有任何一個人應該為我們做任何事，即使面對付費買來的服務也應心存感恩，更何況我們每一天的每一種需求，背後都有許多默默為我們服務的人；我們可能沒有機會當面感謝對方，而最好的感恩，就是把自己分內的事做好，並且把握每一次機會，盡最大的努力來服務別人，作為我們的報答。如果這是我們的態度，我相信生命就會有許多奇妙的安排，讓我們有更多更好的成功機會。

從生活中學習感恩我們的父母、家人、老師和同學，試試看，你就會看到洋溢在他們臉上的喜悅。每一個人都期待自己的努力能被看見，而感恩是對別人最大的鼓勵。能鼓勵別人，自然我們就會得到更多更大的鼓勵喔！

給父母的悄悄話

父母也應該感恩我們的孩子，由於孩子的出生，讓我們有許多學習機會。父母的感恩習慣，會讓孩子很自然的珍惜和感恩別人。俊豪因為是男孩，他的消極態度讓父母的期待受挫；妹妹因為是女孩，父母總覺得未來畢竟要嫁出去，並沒有太多期待，反而出現正面的回饋。生活的互動造就了孩子不一樣的想法，父母如果期待孩子懂得珍惜和感恩，就不能視孩子的努力為理所當然。凡事都能以感恩的心回饋給我們的孩子，孩子也才會珍惜父母的付出喔！

恆久無私的大愛：那羅姆姆

偉大不一定來自浩大的工程或艱鉅的任務，世界上許多恆久的光，都來自丁點般的蠟燭，他們堅持著用愛給世界希望！

和那羅姆姆雖只有一面之緣，但她的愛讓我的生命充滿著希望！

「那羅」是新竹尖石鄉的一處山地部落，姆姆是媽媽的意思，「那羅姆姆」是當地人對一位義大利籍修女的敬稱。這位修女二十六歲來台灣，我遇到她時，她已經六十歲了。三十四個年頭過去了，那羅姆姆以教堂爲中心，主動幫一些忙於工作的父母照顧幼小子女，也爲青少年舉辦正常活動，避免他們感染不良習性，爲年輕的夫婦找尋工作維持家庭生計，舉辦遠遊他鄉工作者的聚會，更經常的扶助貧病、幫助老人。教堂只有她一個人，而她幾乎把那羅及附近部落的所有事情全攬在身上。她的信念是「只要這些人需要她，她就在哪裡出現」。

在過去交通不便的時代，那羅姆姆全憑雙腳走訪各個部落。路途近則兩、三個小時，遠則五、六個小時，她憑著服侍天主的信仰和自己堅強的毅力，一一克服了困難。爲了籌建青少年活動中心及其他救貧扶助工作，她曾幾度返回義大利故鄉募款。最近的一次，她覺得很不好意思，因爲故鄉的親友告訴她：「台灣很有錢，妳爲什麼要回義大利募款？」的確，台灣擁有了許多有形的財富，卻缺乏無形財富——愛心，這些話可讓修女心痛了好久！

修女把一生奉獻給台灣的山地部落，而她仍保持著謙卑的心，認爲自己做得很少。她只不過是希望這些幼小的孩子有人照顧、關懷，成長中的孩子能受良好教育，成家的夫婦能遠離酗酒，過著幸福、美滿的生活。能實現這些願望，那羅姆姆就心滿意足了。

那羅姆姆只是一盞小小的明燈，但她堅持要用微弱的光，溫暖所有人的心。而她做到了！凡是知道她的故事的人，都會被她的奉獻精神所感動。

希望更多的人能立志做另一支蠟燭，在平凡的小角落，堅持點亮自己，照亮別人。

給年輕的朋友

把一生奉獻給異國的弱勢族群，不求任何回報，除了有宗教家的情操，更重要的是一份對世人的愛。我們常在付出時計算自己的所得，我們也常在物質上計較自己與別人佔有的多寡。

生命是個旅程，當我們年輕的時候，是否也能有「那羅姆姆」的熱忱，還有她那份堅毅不移對愛的執著。她沒有得過什麼獎項，也從不接受任何表揚，但曾受她照顧過的人，都會永遠感念她那如太陽般的光和熱，而她會在窮鄉僻壤的山間，終生守著這盞微弱的光，直到生命老去。在許多人的認知裡，可能會認為這樣無私的奉獻沒有太大價值，然而偉大不是來自版圖和事業的大小，而是來自那份愛和奉獻！她贏得世人對她永遠的尊重，讓人效法她做另一道燭光。

讓我們一起立志做一件平凡的小事，一件有始有終、能幫助別人的事。在默默的付出和堅持中，我們一定會認識世間真正的「愛」，它會讓我們看見生命正確的價值，也會讓我們看見世界的希望！

給父母的悄悄話

父母對孩子的期望，大部分是能夠完成學業，有一份安定的工作和美滿的家庭，能夠為開創一份名利雙收的事業，大概沒有父母會期望孩子，像「那羅姆姆」那樣離鄉背井奉獻一生給異鄉人。

感人故事的背後，一定有一雙支持他們前進的手，當孩子立下服務人群的志願，我們一定要支持孩子，鼓勵孩子做一個能給別人光和熱的人，因為他們的決定，會帶給世界溫暖和希望。

這個世界需要的不是成功者或大人物，而是默默在黑暗角落點燈照路的人。讓我們的孩子因為有愛，成為世界的禮物！

堅持自己的品格：孫運璿

一個有品格的人，不論做什麼事都會讓世界獲致利益，一個沒有品格的人，不論做什麼事都會是個禍害。

在這樣一個多元的世界，許多時候我們分不清楚什麼才是對的，什麼才是好的。逞凶鬥惡的人可以利用選舉出任民意代表或地方首長；貪贓枉法的人可以利用其職權，大言不慚的提倡品格教育；唯利是圖不顧大眾利益的商人，可以捲款數十百億而後逍遙法外，還享有高位重權、前呼後擁的尊貴。我們常質疑安分守己、奉公守法的人，能有什麼力量來對抗這些不正的權貴？但我們仍然要堅持自己認為對的原則，更要堅持自己的品格。因為品格不是拿來販賣、獲取利益的商品，也不是為了能在人生舞台上博得掌聲的表演道具，品格與我們的生命一體，它證明我們平凡的外表裡面，潛藏的是顆晶鑽，而非一般的木炭！

家父生前的一段教誨讓我銘感在心。孫運璿先生任行政院院長時不幸腦中風，媒體因而大篇幅報導孫運璿先生一生的德政。家父很感慨的說，一個有德的人任高位，是國家社會的福氣，無德的人，在哪裡都會禍害社會，如果這些人不幸又擔任重要職位，禍害就更大了。

「什麼是有德的人？」我不明白的問家父。

「以國家社會的最大利益爲重，任何作爲都想到要成爲未來子孫的典範，這樣的人就是有德的人！」家父不疾不徐的說了這一段話。

二○○六年二月孫運璿先生過世，我看著新聞報導，想起已去世多年的父親，淚水忍不住的湧了出來。我的孩子以爲我認識孫先生而感到傷悲，而我講了家父在生前的那段對話。

「我雖然不是一個有權有勢的人，但我一直沒忘記阿公的期待，努力做一位有德的人！」

我告訴我的孩子，一個平凡的小人物，品格看似不重要，但品格會影響整個家庭和子女，以及所有我們接觸到的人。對品格的努力是一生的學習，雖然好品格換不到現實的名利，卻能讓我們的生活充滿著和諧與寧靜。

我的孩子未有任何置疑，也沒有任何問題，我相信家父偶然播下一顆對品格期待的種子，讓我在許多輕重衡量中有了明確的標準，我也相信我偶然種下的一顆種子，會讓我的孩子一生都看重自己的品格更甚一切。

給年輕的朋友

你可能會說，古老的教訓怎麼可以適用在這個弱肉強食的競爭社會，堅持品格就會少掉競爭的機會，甚至可能因此沒有工作。台語有句諺語：「強者怕狠的人，狠的人怕沒天良的人！」那些沒天良、唯利是圖、任何傷天害理的事都做得下手，法律道德都影響不了的人，他們的惡行惡狀可能

得意一時，然而最後的結局會是什麼呢？大部分都會被更沒天良的人給制裁了。

我們該為自己的生命做什麼努力呢？我們期待一生有什麼境遇呢？除了衣食無虞，過著自己真正想過的生活之外，我們還要什麼呢？也許是贏得受人尊重的名或是能揮霍不盡的錢。我們必須謹慎的一再確認——真正想要的是什麼？唯有如此，我們才能在這個是非難辨的洪流中，找到自己的位置和出路，了解我們真正該追求的重要價值。如果我們在努力的過程中，違背了對人尊重的準則，為了自己的權位和利益，踩著別人、不顧別人的傷痛和哀嚎，難道這些是我們要的嗎？表面上別人因我們的權和錢不得不屈服，但違反自己的良知和裝聾作啞的玩弄權勢，終將得到應有的懲罰。即使一時仍未獲得應有的惡報，這個人不斷的堆砌屬於自己的王國，最後建造的一定是禁錮身心靈的監獄。

堅持我們的品格，是我們送給這個世界最好、最重要的禮物！

給父母的悄悄話

別小看父母對孩子的影響，言語的教育，不如身體力行。孩子每天和我們朝夕相處，我們的所言所行，孩子都一一在檢視，一一在核對。送給孩子一生最好的禮物，就是讓孩子以堅持自己品格的父母為榮！大部分的權貴父母都只能以威信欺矇孩子，但我們為什麼不做孩子正直誠實的榜樣呢？

為了塑造孩子的品格，我們錢可以少賺，升遷機會可以放棄。我們佔有的可能會少一點、小一點，但因為心安，也因為佔有的少，我們會有一顆專注和寧靜的心，有更多的時間和家人、孩子相處，並且享受陪孩子一起成長的過程。兩千年前的先哲就告訴我們，教育無他，愛與榜樣而已。送給這個世界最好的禮物，就是付出我們的愛給孩子，做孩子的榜樣。

創造生命的奇蹟：黃美廉

生命的奇蹟，來自長久的堅持和絕不放棄的努力。每一個平凡的生命，因有奮發向上、努力不懈的過程，才能造就非凡的成就。

畫家黃美廉女士是我由衷敬佩的人，大家看到的她，是從一個六歲以前毫無智力與行動跡象的腦性痲痺兒，到取得美國加州大學藝術博士的奮鬥過程。我敬佩她那永遠積極樂觀的態度，任何一個人只要學習她的態度，都有可能創造生命中的奇蹟。

「黃美廉女士是如何走到今天的呢？」

許多人都喜歡問這樣的問題，當然她的信仰和父母是重要的關鍵，更重要的是，黃美廉女士和她的父母一直有個最好的朋友，叫做「放不放棄」！三、四十年前的台灣南部，醫療資源十分缺乏，重度殘障兒出生後（尤其是女孩），多半會被鎖在房間裡任其自生自滅。所幸黃美廉的父母親沒有放棄她，經常在工作之餘，抱著全身軟綿綿的她到處尋醫，完全不顧他人的眼光。父母的接納和努力，讓黃美廉女士從小就有很多機會參加公開活動。她的父親是個牧師，用他和上帝的愛，讓她找到生命的光和希望。這份愛並不是縱容，而是讓她學會爲自己負責，學習獨立生活的能力：她必須學會一個人在家照顧自己，學會自己做飯，自理生活的一切事務，還要學會自己坐車和過馬路，做所有正常人該做的事。見過她的人都會被她搖晃抖動的身體和口齒不清所震驚，但你會和我一樣從她身上感受到熱誠和毅力。沒有人會因她的缺陷而輕視她，反而由於她對人生的努力態度，給予最高的尊敬。

聽說她經常要一個人往返美國、新加坡、馬來西亞舉行座談會，在紛亂嘈雜的國際機場，揹著簡便的行囊，處變不驚的旅行。我想許多人還未有獨自出國，到陌生國家的經驗，更何況她的行動和言語能力，都受到很大的限制。有人認爲這和她高二時，父親「殘酷」的堅持她要學習獨立有關。如果是這樣，在生命中，父母對我們周全的照顧或是過度的縱容，會讓我們活在保護傘下，潛能永遠

都不會被激發。向黃美廉女士學習，勇敢的踏出自己的第一步，有了一次的經驗，陌生的事會因此熟悉，原本恐懼的事也能克服。累積足夠成功的經驗，生活中就不會有什麼困難的事。

給年輕的朋友

你期待未來生命會是什麼樣的旅程：在一個小角落過著簡單平凡的生活，或者成為一個眾所周知的大企業家。現在的任何決定都會影響我們未來的旅程，而你要什麼呢？如果希望有一天能贏得人生機會，就要即刻下定決心努力不懈，不達目的絕不輕言放棄，我保證不論上天給你如何艱困的境遇，撥雲見日後，你都可以創造屬於自己的生命奇蹟！

給父母的悄悄話

非凡的成就來自與眾不同的父母，你如果像黃美廉女士的父母，絕不放棄的給孩子機會，堅持孩子該為自己的一切負責和努力，我確信每一個孩子都會學習為自己創造生命中的最大可能。我發現現在的孩子都不夠努力，原因是父母的照顧太周全，造成他們失去為自己規劃人生的機會。讀書和功課雖然很重要，更重要的是孩子必須具備生活自理的能力。記著：別侵奪孩子學習的機會喔！孩子做不到的，更應給他多一點機會練習喲！

人生

永不放棄的努力：吳坤山

如果我們比只有一條腿或一隻眼睛的人擁有更多，就沒有理由說我們做不到人生中的各種可能。

我非常佩服的一位口足畫家謝坤山先生，十六歲時就在職場上打拚，因一場意外誤觸高壓電而讓他受到重創，失去了一隻眼睛的視力和萬能的雙手，也失去了能跑能跳的一條腿。幾次聽他演講都忍不住感動，他不看失去的，而是看所擁有的——他還有一隻眼睛，還有一條腿。只有一隻眼睛、一條腿的人能做什麼呢？大部分的人會選擇放棄所有能努力的機會，成爲一個被照顧的人，但他卻選擇做一個有價值，能讓自己生命發光、發熱的人！

他是怎麼辦到的呢？

意外發生後，親朋好友看到殘缺不全的謝坤山，紛紛認為不要救，讓他一走了之。然而謝坤山的母親卻堅持一定要救他：「把他救醒了，即使他只能再喊一聲『媽』，這樣也就夠了！」就因為這一句話，謝坤山先生告訴自己，他沒有理由自我放棄，沒有理由把媽媽給他的第二次生命過得憂傷悲愁，他應該去尋找人生的方向，因此開始學習繪畫。這是一段艱辛歷程，他不願放棄任何一個可以學習的機會，經常早上十一點出門，深夜才回到家中。這十幾個小時之間，他因沒有手根本沒有辦法自己上廁所，就這樣忍著、憋著，最後造成血尿。面對這樣的考驗，他告訴自己，沒有任何理由與藉口去逃避，一定要找方法去面對和克服。一路上他的精神感動了許多人，願意主動協助他，但他始終堅持要用自己的力量克服所有的挑戰。

他曾經在上課途中因車禍而摔斷義肢，也曾經因為坐公車沒座位，又沒有手可以扶欄杆，緊急煞車時摔了個大跟頭，不論發生什麼事他都堅持自己的方向。他用口咬著筆畫畫，終於完成了口足畫家界中最大一幅畫。謝坤山先生陳述自己繪畫的過程時說到，當他畫到圖畫上邊的時候，畫筆雖然咬在嘴巴裡，但還是搆不到，所以必須踩在椅子上才能畫，待蘸好顏料，爬上椅子後，畫沒幾筆，顏料用完，他又得爬下來，下來之後，退到後面觀望，看一看那畫的感覺，再走到調色盤邊，搖著頭來調色，然後再踩到椅子上去；畫到圖畫下邊的時候，他必須把義肢整個脫掉，不是用坐的，就是用跪著，以極度困難的姿勢進行繪畫過程。因沒有手可以用，他全程都用嘴咬著筆，如此來來回回的畫，他花了整整一年半的時間才完成這幅巨作。

謝坤山先生可以在最惡劣的處境中創造生命中的無限可能，爲什麼擁有富足條件的我們卻有許多的「不能」呢？只有一個原因，他看重他得來不易的生命，而我們卻輕忽我們的所得，認爲擁有一切都是應該的。謝坤山先生不只是位口足畫家，他更是一盞照亮每個人生命的明燈。只有一隻眼睛和一條腿的人，能創造生命中的奇蹟，那我們還有什麼事是做不到的呢？

給年輕的朋友

看了謝坤山先生的故事，有何感想？還有學不會的功課，做不到的事情嗎？學不會和做不到只有一個原因：我們的努力不夠，在做到之前提早放棄了。

給自己的生命一次機會，別人能成功是因為他絕不放棄，那你為什麼要因為過程辛苦而放棄努力呢？上天是絕對公平的，不會在放棄耕耘的田地裡長出果實；給自己一次機會，讓自己的田地長出夢想的果實。成功是很容易的，只要你堅持努力、永不放棄！

給父母的悄悄話

別放棄愛心和耐心，別指責孩子不上進，永遠堅持給孩子支持和掌聲，你就是永不放棄的父母，而你也會看見孩子的成長。

永不放棄不是信念，而是習慣。假如父母因一、兩次受挫，就放棄了對「愛」的堅持，孩子也不會相信堅持的背後隱藏了豐盛的獎賞。大多數人都是三分鐘熱度、五分鐘的堅持，所以成功的人總是少數。堅持所有的期待和努力，給孩子一次機會，用愛陪孩子走人生的一段路，給予永遠的支持、永遠的賞識、永遠的鼓勵，孩子會在你的掌聲中成為世界的禮物！

國家圖書館預行編目資料

預約孩子的未來. II, 信心決定一切! / 盧蘇偉
著. -- 初版. -- 臺北市 : 寶瓶文化, 2007
[民96]
面 ; 公分. -- (catcher ; 12)
ISBN 978-986-7282-92-7(平裝)
1. 親職教育 2. 自我肯定 3. 自我實現(心
理學)
528.21 96009423

catcher 012

預約孩子的未來II——信心決定一切！

作者／盧蘇偉

發行人／張寶琴
社長兼總編輯／朱亞君
主編／張純玲
編輯／羅時清
外文主編／簡伊玲
美術設計／林慧雯
校對／羅時清・陳佩伶・余素維
業務經理／李婉婷 企劃主任／艾青荷
財務主任／歐素琪 業務專員／林裕翔
出版者／寶瓶文化事業股份有限公司
地址／台北市110信義區基隆路一段180號8樓
電話／(02) 27494988 傳真／(02) 27495072
郵政劃撥／19446403 寶瓶文化事業股份有限公司
印刷廠／世和印製企業有限公司
總經銷／大和書報圖書股份有限公司 電話／(02)89902588
地址／新北市五股工業區五工五路2號 傳真／(02)22997900
E-mail／aquarius@udngroup.com

法律顧問／理律法律事務所陳長文律師、蔣大中律師
如有破損或裝訂錯誤，請寄回本公司更換
著作完成日期／二〇〇七年
初版一刷日期／二〇〇七年六月
初版五刷+日期／二〇一五年七月二十七日
ISBN：978-986-7282-92-7
定價／二七〇元

愛書人卡

感謝您熱心的為我們填寫，
對您的意見，我們會認真的加以參考，
希望寶瓶文化推出的每一本書，都能得到您的肯定與永遠的支持。

系列：C012　**書名：預約孩子的未來II——信心決定一切！**

1. 姓名：＿＿＿＿＿＿＿＿　性別：☐男　☐女
2. 生日：＿＿年＿＿月＿＿日
3. 教育程度：☐大學以上　☐大學　☐專科　☐高中、高職　☐高中職以下
4. 職業：＿＿＿＿＿＿＿
5. 聯絡地址：＿＿＿＿＿＿＿＿＿＿＿＿＿＿＿＿＿＿＿＿

   聯絡電話：(日)＿＿＿＿＿＿＿＿(夜)＿＿＿＿＿＿＿＿

   (手機)＿＿＿＿＿＿＿＿
6. E-mail信箱：＿＿＿＿＿＿＿＿＿＿＿＿＿＿
7. 購買日期：＿＿年＿＿月＿＿日
8. 您得知本書的管道：☐報紙／雜誌　☐電視／電台　☐親友介紹　☐逛書店　☐網路

   ☐傳單／海報　☐廣告　☐其他
9. 您在哪裡買到本書：☐書店，店名＿＿＿＿＿＿　☐劃撥　☐現場活動　☐贈書

   ☐網路購書，網站名稱：＿＿＿＿＿＿　☐其他＿＿＿＿＿＿
10. 對本書的建議：(請填代號　1.滿意　2.尚可　3.再改進，請提供意見)

    內容：＿＿＿＿＿＿＿＿＿＿＿＿

    封面：＿＿＿＿＿＿＿＿＿＿＿＿

    編排：＿＿＿＿＿＿＿＿＿＿＿＿

    其他：＿＿＿＿＿＿＿＿＿＿＿＿

    綜合意見：＿＿＿＿＿＿＿＿＿＿＿＿＿＿＿＿＿＿＿＿＿＿＿＿

11. 希望我們未來出版哪一類的書籍：＿＿＿＿＿＿＿＿＿＿＿＿

讓文字與書寫的聲音大鳴大放

寶瓶文化事業股份有限公司

（請沿此虛線剪下）

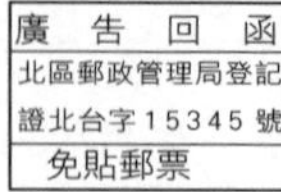

寶瓶文化事業股份有限公司　收

110台北市信義區基隆路一段180號8樓

8F,180 KEELUNG RD.,SEC.1,

TAIPEI.(110)TAIWAN R.O.C.

（請沿虛線對折後寄回，謝謝）